युग–प्रभु साईं

(महाकाव्य)

(An epic on Sai Baba's Life)

डॉ. हरगुलाल गुप्त

qurate
quratebooks.com

Yug Prabhu Sai (An epic on Sai Baba's Life)
Dr. Hargulal Gupta

Published in 2025

© Published by

Qurate Books Pvt. Ltd.
Goa 403523, India
www.quratebooks.com
Tel: 1800-210-6527, Email: info@quratebooks.com

ISBN: 978-93-5898-601-3

भगवान श्री सत्य साईं बाबा द्वारा

मावलंकर ऑडीटोरियम

में

उनके कर कमलों द्वारा आशीर्वाद प्राप्त

यह

महाकाव्य पुष्पस्वरूप भगवान श्री सत्य साईं बाबा

को

प्रणतिपूर्वक भेंट

विषयानुक्रमणिका

डॉ. हरगुलाल गुप्त

जन्म–20 जुलाई, 1935, करौरा, जिला बुलंदशहर, उत्तर प्रदेश।

कार्य एवं पद– पूर्व रीडर, हिन्दी विभाग, पी.जी.डी.ए.वी. कॉलेज, नेहरू नगर, नई दिल्ली 1957–2000। पूर्व हिन्दी अधिकारी एवं द्वितीय सचिव, भारत का हाई कमीशन, ट्रिनिडाड एवं टुबेगो 1976–81। पूर्व प्रथम सचिव (शिक्षा और संस्कृति), भारत का हाई कमीशन, मॉरीशस 1984–88।

विदेश में– ट्रिनिडाड, सूरीनाम, गयाना, जमाइका, अमेरिका, मॉरीशस आदि में एक दशक तक रहे। वहाँ हिन्दी एवं भारतीय संस्कृति पर अनेक लेख, 600 अध्यक्षीय भाषण एवं हिन्दी प्रचार के क्रियात्मक साधनों का क्रियान्वयन किया। कृतित्व–कवि, उपन्यासकार, नाटककार, निबंधकार एवं लोक साहित्य तथा कृष्ण–काव्य के विशेषज्ञ के रूप में 22 ग्रंथ, 100 शोध निबंध एवं 50 दूरदर्शन एवं रेडियो वार्त्तायें। भारतीय साहित्यकार कोष, उपन्यास कोष, इंडो–अमेरिकन, इंडो–यूरोपियन आदि संदर्भ ग्रंथों में साहित्यकार एवं शिक्षाविद् के रूप में उल्लिखित।

सम्मान–माराबैला साईं सेंटर, सनातन धर्म महासभा, आर्य सभा ट्रिनिडाड ने सांस्कृतिक योगदान के हेतु सम्मानित किया। आर्य प्रतिनिधि सभा एवं नागरी प्रचारिणी सभा, मॉरीशस ने हिन्दी के प्रचार हेतु सम्मान प्रदान किया।

आर्य प्रादेशिक प्रतिनिधि सभा, मंदिर मार्ग, नई दिल्ली ने विदेशों में हिन्दी प्रचारार्थ एवं आर्य संस्कृति से सम्बद्ध नाटकों के लेखन हेतु विशेष सम्मान प्रदान किया। हिन्दी अकादमी, दिल्ली सरकार ने 'अंकुर' पत्रिका के सम्पादन हेतु श्रेष्ठ सम्पादक का सम्मान प्रदान किया। 'गंगा के मौन किनारे' (उपन्यास) को श्रेष्ठ कृति के रूप में हिन्दी अकादमी, दिल्ली सरकार ने पुरस्कृत किया (1996–97)। इंद्रप्रस्थ साहित्य भारती ने ग्राम–देवता को 2006 ई. में श्रेष्ठ कृति का सम्मान दिया।

विश्वव्यापी साईं दर्शन से प्रेरणा प्राप्त करके कवि ने सातवें दशक के मध्य में 'युग–प्रभु साईं' महाकाव्य का प्रणयन शुरू किया और इसमें ट्रिनिडाड, सूरीनाम, गयाना आदि देशों के साईं भक्तों की अगाध श्रृद्धा को रूपायित करते हुए साईं बाबा की असीम करुणा को समूचे विश्व को एक और प्रशान्ति निलियम बतलाकर रेखांकित किया है।

सम्पर्क – 212, वैशाली, पीतमपुरा, दिल्ली–110034
91-8447452458, 011-42455212

प्रथम सर्ग

‘‘अवतरण’’

भू–मंडल के ललाट पर पुट्टपर्थी
एक दिव्य प्रकाश उग आया है
चारों ओर का अंधकार छँटने लगा है,
काले पर्वतों के मध्य में
जैसे किसी ने
प्रवाल का अनन्त पुंज
चमत्कारिक ढंग से खिला दिया हो;
अज्ञान के अखंड खंड
उस प्रेम के महानद में बहने लगे हैं
वसन्त की उष्मा पाकर
सोया अनन्त हिम खण्ड
जाग उठा है;
हे मायावी! आपके हाथों के गोल आवर्त में
कितनी कल्पना,
कितने भावोच्छ्वास
कितने मधुर सपने
कितने हँसते–विहँसते सत्य
जन्म लेते हैं और तुम

इन सब में खोये
अपने भक्तों के लिए जीते हो,
वे तुम में,
तुम उनमें,
ऐसे एकाकार हो गये हैं,
जिसे जग की कामरूपा माया
न विथुरा सकती है,
न काट सकती है,
न कालचक्र की आँधी
उसे बहाकर ले जा सकती है,
हे समदर्शी! तुम्हारे प्रेम की अमरता ने
मेरे जीवन की पाताल भेदी गहराई में
उतरकर अनेक रंग धारण किये हैं,
इसकी साक्षी
प्रशान्ति निलियम की विपुल शुभ्रता
विपुल शान्ति, विपुल काम्यता
बार–बार देती है,
पर तुम इन सबसे बेखबर
केवल मधुर हास्य बिखरते रहते हो।
हे सृष्टि कर्त्ता।
जीवन और जगत के छोरों पर
उस समय तुम हम में कितना भरते हो
इसे कोई सांख्यिकी कभी जान पायेगा?
मैं कैसे कहूँ?
वही जानेगा जिसे तुम जना दोगे,

पर तुम्हें पाकर
और क्या रह जाता है
जो ज्ञान की सुनहरी लेखनी में न समा सके।
हे साईं !
जीवन के रथ पर आरूढ़ होने से पहले
तुम्हारे अभय हस्त की उष्मा पा लूँ
यही काफी है,
मेरे छोटे से जीवन में
इससे अधिक पारदर्शी क्षण कब होगा?
इसका भार मैं आप पर छोड़ता हूँ,
आप ही इसके प्रभारी हैं
और हम अधिकारी हैं, आपकी दया के।

•••

दूसरा सर्ग

"पूर्व-कथा"

दूर-दूर तक आकाश के ऊँचे वितान में
खिंचते चले गये हैं बादलों के रंग-बिरंगे
झाड़-फाँनूस और उनकी सतह में
लटके हैं विविध पेड़
और दूर तक खो जाने वाली पगडंडियाँ,
बहुत गहरे उपत्यका की खोह में
बिन्दु सरीखे बने हैं ऋषियों के दो-चार कुटज,
इन्हीं कुटियों में कभी रहे हैं कश्यप,
कभी रहे हैं वशिष्ठ और विश्वामित्र,
इन्हीं में याज्ञवलक्य और कपिल ने
कभी दिये थे जगत को आत्मा-परमात्मा के
अमर संदेश
और संसार का हर कोना उनके चरणों में
बगैर कहे झुक आया था।
गंगा-यमुना के पवित्र संगम पर
हर सुबह को मन्त्रोच्चार
और हर शाम को संध्या-वादन की
विविध ध्वनियों में डूबे रहते थे

ज्ञान पिपासु भारद्वाज,
उन्होंने ही कभी कहा था–
हम एक साथ चलें,
एक–सा बोलें
और एक साथ सोचें,
इन्हीं परम तपस्वी ने
ज्ञान–सागर के अथाह तट पर खड़े होकर
सारे भारत के ऋषियों को
एक बार नहीं अनेक बार
मकर संक्रान्ति के अवसर पर
आत्मा–परमात्मा के सम्बन्धों का
दोहन करने के लिये
आमन्त्रित किया था
शिविर जीवन के आदि क्षणों में।
ये ही परम चिन्तक ज्ञान की अथाह गहराई नापते
जब सौ वर्ष में बूढ़े हो गये,
तब अनथक साधना में एक दिन की लड़ी जोड़ते
जा पहुँचे इन्द्र के कानन में,
दूर–दूर तक लटके फूलों के गुच्छे,
फलों की महक, कोयल की कूक,
सारिका की मनोहारी वाणी,
अप्सरा के तन की चतुर्दिक में
लहर उठाती गंध उन्हें अपने में
न बाँध सकी और न बाँध सके
सब तरफ फैले ताल–तँबूरा
और वीणा के लचीले स्वर,

अपने में खोये ये तत्त्वदर्शी
युग–युगों से अपने हर जन्म में
अनासक्त रहे हैं,
कलियुग में शिरडी बाबा, साईं बाबा
और भावी प्रेम बाबा इनके वंशज हैं,
वैदिक काल, पाषाण काल या लौह काल में
इनका रूप बदल गया है,
और आत्मा की टकसाल में
भावों के जो सिक्के ढलते हैं
वे दुनिया के बाजार में
किसी भाव पर खरीदे नहीं जाते हैं,
उनकी कीमत है नर–प्रेम और अध्यात्म की गहराई।
वे पहुँचे सीधे इन्द्र के सान्निध्य में
अपने हेतु सौ वर्ष और माँगने
ज्ञान की अनवरत साधना को,
इन्द्र तथास्तु कह मौन हुए
और ऋषि खो गये अद्वैत की पेचीदी गुत्थियों में,
अगली दो शती तक जब वे न सुलझा सके
आत्मा–परमात्मा के गहन सम्बन्ध,
तब पहुँचे इन्द्र के परामर्श से
कैलाश की ऊँची–नीची रपटीली श्रेणियों में।
माँ आद्या और अनादि शंकर
लीन थे तांडव और लास्य के
मिले–जुले विविध रूपों में,
दूर–दूर तक मनोहारी चाँदनी फैली थी
और फैली थीं हिम की फुहारें।

नीली–पीली द्युतियाँ
हिम की सफेदी पर प्रतिबिंबित हो
झकोर जाती थीं मन के सब ओर–छोर।
आद्या के गोल कोमल नृत्यावर्त
और अनादि शंकर के पृथ्वी के गर्भ को मथने वाले
द्रुत पाद–प्रहार बँधे थे माँ के घुँघरूओं की
रूपसी झिलमिली में।
ऋषि भारद्वाज अपने में खोये
भूखे–प्यासे ठगे–से देखते रहे
नृत्य का सम्मोहन द्वन्द्व
और जब अर्धनिद्रा से जगे
तब गूँज गया माँ का कोमल स्वर,
पूर गये मन के सब कोने,
हिल गये मानस के सब कोण,
वाणी सुन ऋषि–पुत्र धन्य हुए
और धन्य हुए सब प्राणी।
जाओ वत्स! तुम्हारी मनोकामना पूरी हुई,
तुम्हारे ज्ञान–यज्ञ में पधारूँगी मैं
आदि शंकर के साथ तुम्हें पूर्ण ज्ञान देने
और देने भव–बंध से अमर मुक्ति,
तुम्हारी मुक्ति के छंद बंध तुम को और जग को
देंगे मेरे वत्सल का अमिय प्रकाश।
ऋषि–पुत्र खो गये,
दब गये माँ के अमर प्रेम में,
पग बँध गये रस सिक्त वाणी में।
मन की छेदती जिज्ञासा

और कौतूहल के अनबुझे प्रश्न
सब एक रस हो गये शान्ति की डगर पर
और स्वप्न, स्वाप, जागरण न मालूम कब
भस्म हो गये दिव्य अनाहत के
ज्योतिर्मय स्फुलिंग में।
कर्त्तव्य बोध में खो गया सारा भावबोध–
यज्ञ करना है, माँ आयेंगी,
तैयारी के अंबार में लग जायेंगी
दिन और रातों की टेढ़ी–मेढ़ी बैसाखियाँ,
चलूँ देर क्यों करूँ करना है महान आयोजन
और भूल गये गुरुजनों का चरण–वंदन;
आखिर क्यों, कर्त्तव्य की सीपी में
मनोकामना का मोती सजता है
और मन की शक्ति विश्व विजयिनी
बन जाती है, अग जग के तारों को
झंकृत करती।
पर यह क्या ऋषि पुत्र दो पग बढ़े
और अचल हो गये कैलाश की
रूई सरीखी तुहिन में
पैरों तक गढ़े,
भोले शंकर बढ़े
भक्त की कातर पुकार पर,
भक्त की पैनी कातर नुकीली
आँखों के सरल तीर
बेध गये शिव के सुकोमल मन को,
नवनीत सरीखी शिव की पुतली

गल गई भक्त की गरमाहट भरी
याचना में,
कमंडल का जल बन गया अमृत,
हिल गया ब्रह्मांड,
मिल गया शक्ति का सारा तप–तेज,
अरे वत्स! यह क्या भूल तो अपनों से ही होती है
और अपने ही क्षमा करते हैं
अपनत्व की रेखा सरीखी
लचीली लकीरों में
प्रेम का अद्‌भुत रंग घोलकर,
चलो उठो, बढ़ चलो सृष्टि के छोर तक
तुम्हारा तप, ज्ञान, दया के समग्र आयाम,
समन्वय की सच्ची साधना,
तत्त्वज्ञान का अमर संवाद
सभी तो अनुकरणीय हैं
और अनुकरणीय है तुम्हारा निश्छल मन,
तुम्हारे यज्ञ में, तुम्हारे कुल में,
तुम्हारे मन में, तुम्हारे मनन में,
तुम्हारी मनसा के सभी आयामों में
मुझे बार–बार आना पड़ेगा
और रखने पड़ेंगे बहुरूप
जनोद्धार की चहकती प्रभाती में।
कलिकाल के सारे पाश काटने
तुम्हारे ही वंश का फूल बनकर
मैं फलूँगा शिरडी, सत्य और प्रेम की अमर वाणी में।
जाओ वत्स! निर्भय बढ़ो

और अमरता के सबसे ऊँचे पहाड़ को
चूम लो अपने ज्ञान के कगार से।
ऋषि धन्य हुए,
धन्य हुए उनके तीनों पन,
अनायास उनके मुख से निकल पड़ा
देश–काल के स्तरों को भेदता
कृतज्ञ स्वर–
मानस भज रे गुरु चरणम् ।
दुस्तर भव सागर तरणम् ॥

•••

तीसरा सर्ग

‘‘लीला धाम शिरडी’’

समुद्र–तट
छोटी–मोटी अनेक नावें
बँधी हैं जल खाये
चौकोर और गोलाकार
खम्भों से अनेकों गँठीली रस्सियों के साथ।
ये पतवारें गहरे समुद्र में
रात–दिन इन नावों को ले जाती हैं,
ये नावें रात–दिन गहरे समुद्र में जाती हैं,
ज्वार, वर्षा, बादल और अँधियारी रात
कर्मरत लोगों को अपने में बाँधकर
कर्म विमुख नहीं कर सकी हैं,
ये कर्म योगी जो पाते हैं,
वही खा लेते हैं–उससे अधिक चाहना
इनकी परिभाषा से बाहर है।
चटखे, घुने, लचके छोटे–बड़े बाँस,
फूँस, नारियल के चौड़े पत्ते,
केले के पत्ते पर केले की सब्जी और तंदुल,

मछली के छोटे–बड़े रूप,
डाभ और जंगली पुष्पों की सज्ञा
यही तो इनकी अकेली धरोहर हैं
और भी है बहुत कुछ इनका–
संयम, आत्मतोष, प्रेम और सहयोग
की परिधि में ये सबको घेरते हैं
और अपने को पा लेते हैं।
अपने को पाना यंत्र युग की सबसे बड़ी
उपलब्धि है, क्यों न हो?
आज का आदमी मर गया है
अपनी सुख सुविधाओं के अम्बार में,
वह समाज से और समाज उससे खो गया है,
रह गया है एक सतत् व्यापी विद्रोह,
जिसने आदमी को आदमी से मरवा दिया है
और रह गया है भूखा नंगा स्वार्थ,
जिसे मृतक ने अपने चारों ओर
'कफन' के रूप में लिपेट लिया है,
अब बड़े नगरों की गगन चुम्बी अट्टालिकाओं में
'भूमा' की जगह 'स्व' के नगाड़े बजते हैं,
कान पड़ी सुनाई नहीं देती,
इस महोत्सव में अंधे की रेबड़ियों के बीच
केवल अपने की पहचान रह गई है।
'पराया' शब्द इस युग की विशेषता है,
इस युग तक आते–आते
सचमुच ही भारद्वाज के
संगच्छध्वं संवदध्वं संवोमनांसि जायताम्

के तत्कालीन स्वर का अर्थ विपर्यय हो गया–
'स्वार्थ का घिनौना कर्दम' और उसी में
अनवरत डूबते गये हमारे साधना–क्रम,
तप और ध्यान के सारे उपक्रम,
शेष रह गया कलियुग का अंधड़
झाड़–झंखाड़ों और अपने जैसी
अनेक विरूपताओं के साथ।
इन्हीं लोगों की बस्ती के बीच
गंगाभव और देवगिरि अम्मा का घर है
घर क्या है?
संतोष–सहजता
सरलता–प्रसन्नता
धर्म–कर्म सबका सुन्दर समन्वय है
और वे दोनों
प्रेम–शांति,
प्रेय–श्रेय,
रति–उपरति सब के अजीब संगम बने
ध्यान, जप, तप में लीन
किसी और ही दुनिया के जीव बन गये थे,
पर एक चिन्ता खा रही थी उनके मन को
एक उद्वेग घुन–सा लग गया था मन में
और वे सोचते–सोचते अधीर हो जाते–
बिना पुत्र कैसे होगी जीवन की गति
और बिना कन्या
कैसे होगी जीवन–यजन की पूर्णाहुति।
घर के चारों ओर

पोंगल, दशहरा, दिवाली आते
पर ये लीन थे धर्म–कर्म में,
पुत्र–प्राप्ति की महती साधना में,
और फिर काल–चरखी से
अनेक वर्षों के साथ
कल की शाम सरक गई,
आज का दिन शुरू हुआ
एक नई आशा के साथ
गहराती उमंग में।
यह क्या पति के जाते ही
मुख्य द्वार पर
यह कौन पाहुना आ पहुँचा?
बड़ा अजीब है और उद्धत भी,
घर आये को कैसे लौटायें?
बड़े अनोखे ढँग से रख रहा है
पाहुना अपनी माँगे, और अम्मा
सब कुछ दे रही हैं आतिथेय भाव में।
आज पति भी लौट आये हैं काम से
चलो थाह मिली डूबते को कगार पर,
वे बेचारी 'अतिथि देवो भव' की सीता रेखा में बँधी,
कुछ कह भी तो नहीं पा रही हैं,
पर रात–दिन के सहचर गंगाभव
समझ गये नैनों की भाषा
दिल के पारिभाषिक कोश से
पति–पत्नी छप्पर के नीचे
कोने में और भी सिकुड़ गये,

जब बगैर पूछे एक षोडशी
अतिथि के कक्ष में घुस गई
और खुल्लम खुल्ला बेशरमी पर उतर आई,
दोनों के मुक्तहास से
दम्पत्ति के चार कान पूर गये।
देवगिरी अम्मा ने आँखों ही आँखों में
पति परमेश्वर को कह दिया–
हमने तो पहले
ऐसा न कभी देखा, न सुना
अब आगे जो कुछ होगा देखा जायेगा।
लो, और भी सुनो दोनों निर्लज्ज
कमरे में बुला रहे हैं,
अरे भाई, यह कहाँ का न्याय है?
जगह भी दो और अब 'चहत्तर' भी देखो,
जो चाहे करो, हमें बख्शो
अपनी प्रेम–लीला के अनुपान से,
यही भाव थे दोनों सहमी आत्माओं के
आशुतोष के पुकारने पर॥
पर यह क्या कमरे में घुसते ही
खुल गये दोनों के संशय,
पार पा गये ऊब–डूब करते मन,
नैनों को मिल गया समूचा निर्वाण,
जीवन के ओर–छोर मिलकर एक हो गये
आद्या माँ और अनादि शंकर को
अपने टूटे झोंपड़े में देख,
दोनों तन थर–थर काँप रहे थे

कुंडलिनी अट्टहास कर उठी थी
नसें फटी जा रही थीं
भाव विभोर थे–पक्षाघात का प्रवेग था।
तभी अनादि शंकर का अभय हस्त उठा–
माँगो, क्या माँगते हो?
आज वह सब दूँगा
जो मेरी झोली में होगा,
तुम्हारे जैसे भक्त युग–युगों के बाद मिलते हैं।
दोनों के सामने
काल के अनेक पृष्ठ पलट गये,
फिर भी मौन बने थे ये दोनों
संशय के ज्वार में पछाड़ खाती
भाव–लहरियों के बीच।
तभी आद्या माँ का मीठा स्वर
झकझोर गया दोनों को
उठा गया वत्सला की पुकार पर
एक अनिर्वचनीय सुख।
गंगाभव प्रकृतिस्थ हुए
माँ, बस अपनी भक्ति दो
और पिता के अक्षय कोष से
वात्सल्य का समूचा आधार
हमारी कुटिया में खिला दो माँ,
बस इतना ही, और क्या माँगू तुम्हें पाकर?
फिर सचमुच गंगाभव
बच्चों की तरह फूट–फूट कर रोने लगे;
आनन्द का अतिरेक छलक कर

बह जाता है और बहना जरूरी है,
वरना गरीब जीवन और कितना संभालेगा?
फिर इन सबसे ऊपर
गूँज गया शिव का गुरुतर स्वर–
मैं आऊँगा तुम्हारे यहाँ,
पर मूल पुस्तक से पहले
प्रस्तावना की तरह दो बालक होंगे घर में,
और भोले बाबा अट्टहास कर उठे–
अरे भाई! माँग रहे हो शिव से,
फिर एक की जगह तीन तो मिलेंगे ही,
दो बेटों के साथ
एक रूपसी कन्या
लिख दी है मैंने तुम्हारे खाते में
और इसके साथ माँ का मृदुहास
बिखेर गया चहुँ ओर मीठा प्रकाश,
तत्क्षण विदा हो गये दिव्य पाहुने

\+ + +

दुनिया में
आज को आज मानने वाले
उसे काल का निर्मोक नहीं पहनाते हैं,
भविष्य उनके लिये हमेशा की तरह
सार हीन रहा है और वे खुद
संतोष–सिंधु में आकंठ मग्न रहते हैं।
आज के बाद गंगाभव का इतिहास
विरक्ति के अध्याय में लिखा जायेगा,
आत्मा के चौखटे में जड़ गये

अमर आनन्द और संतोष के चित्र,
वे खुद चकित थे उन्हें क्या हो गया है–
यों तो घर के आँगन में
बेटा–बेटी मचले,
किलकारी गूँजी,
तोतले मधुर बैन इधर–उधर फैल गये,
पर गंगाभव निर्लिप्त रहे
और अनासक्त रहीं
अनुचरी देवगिरि अम्मा।
एक रात जब आकाश के चारों कोनों से
चाँदनी झर रही थी,
भव–बंध का पाश लिये
मदभरी बतास कानों में
अमृत उड़ेल रही थी,
गंगाभव बोले–
प्रिये! शिव और गिरिजा नंदिनी को
पाने के बाद अब और क्या है?
जिसके लिये यहाँ बैठा रहूँ
और जोड़ता रहूँ–दो और दो चार के संसारी हिसाब,
पर देवगिरि अम्मा सँभाले थीं अपने को
वक्त की तराजू में
और भी सहज होकर बोलीं–
नाथ! मेरे लिये आप ही सब हैं
आप में ही आकर रुक गये हैं
मेरी महत् आकांक्षा के नीले–पीले फूल,
आपको ही घेरती हैं

मेरी कल्पना की टेढ़ी–मेढ़ी लकीरें
और आप ही नाद–बिन्दु हैं
मेरे घ्यान की भौतिक साधना के,
आप जो कहेंगे मैं वही करूँगी
आप जहाँ रहेंगे मैं बगैर पूछे
वहीं रहूँगी–इतनी बड़ी दुनिया में,
मेरे घर का परकोटा
केवल पति–भक्ति का पर्याय है।
और भारतीय नारी की
युग युगों के महार्णव में
यही साबुत तसवीर निकली है,
काल–जल से न तो वह गली है
और न उसमें कोई विरूपता आई है,
सर्वस्व है एक अकेला उसका पति।
नाथ! मेरे गर्भ में
भोले शंकर मचल रहे हैं
इन्हें लेकर और कहाँ जाऊँ?
इनके लिये संसार के दुखी शापित प्राणी
भटकते हैं कैलाश के शिखरों पर,
हिमालय की गुफाओं में
और गंगा के खादर वनों की गहनता में,
और हम इन्हें ही छोड़कर जायँ
तीर्थों की ऊँची–नीची गलियों में,
मरकत को छोड़ स्वामी
निखालिस नीला काँच मत गहो,
तुम लाख बार कहो

मैं वर्तमान की सघनता को
भविष्य की अनिश्चितता के साथ
कैसे बदल लूँ?
कौन कहेगा मुझे माँ,
किस पर रहेगा मेरा विश्वास?
युग–युग तक यही कहानी चलेगी।
देवगिरि ने त्याग दिया अपने
दो–दो बच्चों को।
हे नाथ! फिर मुझ में और उन अनेक पक्षियों में
क्या भेद है जो 'जनम' देते ही
पंख जनमने से पहले अपने शावकों को
घोंसले में छोड़ चले जाते हैं
एक और नये को 'जनम' देने
या, आकाश की गहराई नापने।
ये पशु–पक्षी मूल भावना के धनी हैं,
बुद्धि विशेष का इनसे कोई
किसी तरह का लगाव नहीं रहा है
और हम, विशेष रूप से मैं
अपने बच्चों की सर्पिणी नहीं बनूँगी,
मैं इन्हें जनमते ही नहीं भखूँगी,
मैं, केवल मैं इनके लिये जनम–जनम तक
मरूँगी, अनेक रूप धरूँगी,
अनेक बार आऊँगी,
सौ बार मरूँगी,
पर इन्हें नहीं खोऊँगी;
इन्हें छोड़

और कहाँ जाऊँगी?
आपसे अधिक मेरी इन पर ममता है।
गंगाभव सोते–से जगे–
अरे पगली! जो हम सबको पालता है
अब हम उसे पालेंगे
और कहकर मौन हो गये पहले की तरह;
देवगिरि अम्मा दो वाक्यों में ही
बहुत कुछ पा गईं,
सिद्धान्त वाक्य से मन की गहराई में
डूब गये ये शब्द
और मौन हो गये सारे चंचल विचार।
रात की गहराई में
दोनों बच्चों को सोता छोड़
पति–पत्नी निकल गये
अमरता की तलाश में,
बस देवगिरि अम्मा ने
चलते–चलते दोनों शिशुओं का चन्द्रमुख
मुड़कर जरूर देखा था और अगले ही पल
कटे कदली वृक्ष–सी वे झुक आई थीं
सदा की तरह पति–चरणों में
अपने पल–दो पल के माया–विकार की क्षमा माँगने,
घने अंधकार से एकाकार करती
ये छाया मूर्तियाँ बढ़ती रहीं
और बढ़ती रहीं अंतिम पड़ाव तक,
वन की सुगंध उषा के तन में सजने लगी
सुबह का पखेरू सघन पेड़ों में

बे भाव बोल पड़ा,
चकवी का अन्तिम आर्त स्वर डूब गया उजाले में
और भोले पथिक अपने विचारों में खोये
मन्थर गति से गंतव्य की तलाश में
क्षितिज के छोर तक बढ़े जा रहे थे।

जब गंतव्य सहज प्राप्त हो जाता है,
वहीं से प्रारम्भ होती है अगंतव्य की चौहद्दी,
वहीं से प्रारम्भ होती है मन की,
तन की और चेतना की विनिर्मुक्त स्थिति,
इनके लिये सब कुछ सहज संभाव्य था,
मन और तन दोनों शिव को
भक्ति की एवज में गिरवी रख दिये थे
बिना किसी तरह की सीमा–निर्धारण के।
देवगिरि अम्मा दो पग बढ़ीं
रुक गईं, हिम्मत जबाब दे गई
मंजिल का नैकट्य पाकर।
प्रसव–पीड़ा उनकी चिर परिचिता थी,
नया कुछ भी न लगा
सब कुछ सहा निर्जन में अकेले जन ने
और नये जन को पत्तों में लिपेट
रख दिया भावी डगर पर।
शिव को आरक्षण कैसा?
वे तो आये हैं जन–जन को रक्षित करने,
पर हाँ, माँ ने उनके कपोल पर
अपने होठों के चुम्बन की लाली

सदैव–सदैव के लिये अंकित कर दी–
माँ के ऋण से तो देव भी उऋण नहीं हो पाये हैं।
और इस अनाम बालक की माँ का पृष्ठ
सदैव–सदैव के लिए इसके जीवन से उलट गया,
रह गया जगत में यह मसान, मसजिद, मंदिर
और खुले–आकाश में निर्भ्रान्त सोने–विचरने
और चमत्कार के ठाठ रचने।
भोले शिव ने अपनी प्रकृति के अनुरूप
निवृत्ति मूलक अपना आवास चुन लिया,
कुछ कहने का न किसी में बल था
और न थे संचित पुण्य की बंकिम भौंहों का
बाँकपन सहने।
बस्ती की ओर बढ़ रहा है एक फकीर
मन में उत्साह और तन में आशा का नव रस घोल,
केले के पत्तों में मिले उसे औघड़दानी,
जमीन से ऊँचा, बहुत ऊँचा
उठ गया उसका पैर बालक को पाकर,
लोग कहते हैं बेटे के बाप का पैर
जमीन से ढाई गज ऊपर पड़ता है,
वह गरीब निर्जन में नाच रहा था
बालक को सीने से लगाये
और आनन्द में डूब गये उसके भीगे स्वर–
'मो को का ढूँढ़ै बन्दे मैं तो तेरे पास में'।

•••

चौथा सर्ग

"लीलावतार शिरडी साईं"

बालक घर की शोभा
और गृहस्थी का फूल है,
बालक की किलकारी
कौंध उठती है
बिजली–सी चहुँ ओर
खिल उठते हैं मन के गुलाबी फूल
इधर–उधर, सर्वत्र
और उनकी शोभा देखने जुड़ आते हैं
अनेक अभ्यार्थी मन्नत सँजोये।
मन की सीपी में
अभिलाषा का मोती पलता है
और फिर यही अभिलाषा सार्थक बन जाती है
साधु–फकीरों की संगत से
उनके आशीर्वाद से
उनके शुभ्र वचनों से
उनके परम संकल्प से,

भक्त गण जुड़ आते हैं
अपने खाली मन को सार्थक करने
अपने सपनों को नया रूप देने
अपनी रोगी काया को रोग–परिखा से बाहर करने
अपनी साधना को नया आयाम देने
अपनी आत्मिक उन्नति के चरम फल में
सच्चिदानन्द की मिलन–अनुभूति का परम सुख लेने
और युग–युग से यही होता आया है
इसे दिन, वर्ष, युग, सदी और कल्प के नये बटखरों से
तौला जा सकता है
और तौल कर भारत का अध्यात्म
पढ़ा जा सकता है।
इस इतिहास में
ऋषि, मुनियों के आशीर्वचन
शिरीष कुसुम से फूले हैं
अपनी वचन सरीखी
बिखरती पंखुड़ियों को लेकर,
इस इतिहास में
फैला है साधु–फकीरों का शुभ्र आह्लाद
निर्माण की नई सम्भावनाओं को लेकर,
भक्तगणों की दूर विसूरती आँखों में
उग आते हैं नये सपने
और फैल जाते हैं आशा के रंग बिरंगे कोण
अपनी मर्यादा में बँधे और बिखरे।

फकीरी भी अजीब चीज है,
मन को बाँधती है परमात्मा से
तन को विच्छिन्न करती है संसार से
इन्द्रियों को सिखाती है
नयी तन्मात्राओं का योग,
आत्मा में भरती है नया उन्माद
शरीर में भरती है ढेर–सी अल्हड़ता
और फकीर का मुँह बोला बेटा
नंग–धड़ंग एक दशक से ऊपर
गलियों में खेलता रहा गोली
बनाकर साथियों का भरा पूरा गोल।

एक दिन ऐसा आया
जब उसका सारा माहात्म्य
साहूकार की बीबी ने जान लिया,
रुई–सी फुँक गई
फकीर का बेटा बड़ा चमत्कारी है
आशुतोष का पर्याय है।
बात कुछ ऐसी ही थी
साहूकार का बेटा तमक कर
फकीर के बेटे से नीली–पीली गोली
खेल रहा था और फकीर का बेटा
बराबर जीत रहा था और दूसरी ओर
साहूकार का बेटा खीझकर
संत का दिया अपनी माँ का शिव–लिंग उठा लाया

इस आशा में
कि वह जीतेगा और जीतकर
अपनी सारी गोलियाँ लौटा लेगा,
पर वाह रे, चमत्कारी सूफी–पुत्र
तुमने उस दिन
''होनहार बिरवान के होत चीकने पात''
को चरितार्थ कर शिवलिंग जीतकर
उदरस्थ कर लिया गली के बीचों बीच
और चुनौती बना खड़ा रहा भवितव्यता की चौखट पर।
साहूकार की बीबी ने अपना शिवलिंग माँगा
कभी–कभी बड़े भी बच्चे बन जाते हैं,
घरौंदा टूटने पर एक दूसरे से कहता है–
नहीं, मैं तो अपने जैसा ही लूँगा,
तेरा छोटा है बगैर खिड़की का
और भूल जाता है दोनों बालू के घरौंदे
बालू के ढेर पर खड़े हैं–बालू में बिखरने,
किसी तत्त्व ज्ञानी की शब्दावली में
यह आत्मा–परमात्मा का मिलन
या अपनी सहज विस्तृति में खोने का
पर्याय है, और भावी पुरुष ने
मुँह खोलकर बता दिया शिवलिंग का उदरस्थ होना,
पर साहूकार की बीबी को
माता यशोदा के सब चित्र पहचाने लगे,
माटी खाने पर उसे छिपाने
लीला बिहारी ने दिखा दिये थे त्रैलोक्य के सब चित्र

अपने छोटे से मुँह में
और डारि साँटि मुसकाई यशोदा की भाँति
साहूकार की बीबी बार–बार पैरों पर गिरी
जुड़ आये तमाशाई आगे की खबर लेने।

एक दिन ये सारे तमाशाई जुड़े
द्वारिका माई की मसजिद में
फकीर को तौलने या अपने को पाने,
पड़ौस के साहूकार ने भंडार के बर्तनों को
उलटा रख दिया तेल का झूठा अभाव दिखाने,
रोज की तरह बेझोली का फकीर आया
सात दीपक जलाने की छोटी–सी आस ले
और लौट पड़ा खाली हाथ मन्सूबों की थाती ले,
साथ हो लिये तमाशाई 'हो–हो' की पुकार में खोये
और खो गये सिरजनहार की चमत्कारी दुनिया में ।
वजू के पानी से दीप जले सारी रात
पागल–सी भीड़ ने फकीरी गीत गाये सारी रात,
भीड़ की पुकार पर साईं नाथ
बैठ गये धूनी के पास 'ऊदी' का प्रसाद
बाँटने और काटने अग–जग के सारे ताप।

प्यार की खराद पर
तर्क के सारे कोण घिस जाते हैं,
फिर कौन ढोता है ठीक–बे ठीक की
ऊल जलूल गठरी को,
प्रतिवस्तूपमा के अजूबे चौखटे में

बाबा जड़ गये भक्तों के बीच
बागो जी के भयंकर कोढ़ की रंगीनियों में।
बाबा धो रहे हैं ममता से
कोढ़ भरे घाव,
निकल रहे हैं बागो जी के नये अंग
'निकल' चढ़ गई सब पर
चमत्कारी रंग की,
घुल गये भक्तों के संशय
बाबा के, अपने बाबा के
सही सलामत अंग देख सारे विभ्रम।
मच गया शोर
बढ़ आई जनता,
चौहद्दी खोई
आकाश ढकी
टूटी मसजिद की बगल में
दीख पड़े केवल नर मुंड,
केवल नर मुंड
कैसा जादुई हिसाब है–
आते जाओ
भरते जाओ
मन के थैले
बेहिसाब मन के लड्डुओं से,
पालथी मार बैठ गये बेशुमार
अधिकार से रोगी और दुखी प्राणी,
भगवान पर
अपने भक्तों का बेहिसाब कर्ज है

उसी को माँगता है अधिकार से साहूकार
और भोले भंडारी कर्ज़दार बने
चुका रहे हैं उसी ऋण को
प्रेम के सूद के साथ
सदियों से।

हाँ, सदियाँ बीत गईं
भगवान को अपनी जाने बगैर,
घर के बुजुर्ग की तरह रात कट गई
बालकों की चारपाई के चारों 'पाये' घूमते
और फिर सुबह को निकल पड़ा
अपने कंधों पै
लाड़लों की रोटी जुटाने का लबादा डाल,
पैर बढ़ गये भक्तों की ममता में
मन डूब गया उनके सुख–दुख में,
कौन कहता है भगवान को ममता नहीं होती?
संसार के धर्म–कर्म से
वे तो सबसे अधिक ममतावान हैं,
अपने भक्तों के लिये
तभी तो मायावी कहाते हैं
और ढोते हैं भक्तों के जन्म जन्मान्तर के बोझ।
और फिर एक दिन
निकला चाँदी का रथ
बाबा को बिठाया हीरों के बीच,
सही पहचान थी–

मानवता का हीरा, सही हीरा
अपने भाई बंधों में बैठा
भक्तों के प्यार में बसा अलग चमक रहा था,
पागल जनता
समवेत स्वर में
उत्ताल ताल पर एक साथ चिल्लाई–
भोले नाथ शिव शम्भो सजे,
शिव शम्भो सजे,
साईं नाथ शिव शम्भो सजे
साईं शम्भो सजे।

•••

पाँचवाँ सर्ग

''सत्य साईं अवतार''

भारत एक विशाल देश है
सागर जिसके चरण पखारता है
हिमालय जिसके मस्तक का मुकुट है
अस्त और उदय होते बालारुण की किरणें
और चाँद की चाँदनी में झलमलाती
रूपसी नदियाँ उसके गले में पड़े
सोने–चाँदी के झूलते हार हैं।
इन नदियों के अगल–बगल लुढ़के
लहर खाते धान के खेत
कसमसाते सिर उठाते गेहुँओं के झुंड
और लचकती मटर की बेलें
माँ के तन पर पड़ी फुलकारी हैं।
कर्मरत मानव
भारत माँ की धमनियों में
बहने वाले रक्त के
असली रक्ताणु हैं

और ये रक्त–बीज
उत्तर से दक्षिण
पूर्व से पश्चिम
अपने ज्ञान और कर्म की मणिकाओं से
भारत माँ का श्रृंगार करते हैं।
ऐसे ही लोगों के मध्य
पूर्वी और पश्चिमी घाट से तराशे
दक्षिण भारत के बीचों बीच
आंध्र की धरती पर
गोल्ल पल्ली नाम का गाँव है,
गोपालकों की बस्ती
अपने गर्भ में इतिहास के
विस्फोटक तत्त्व छिपाये है,
तभी तो सर्प को दूध पिलाती गाय
जहाँ गाँव को वरदान बनी थी,
वहाँ ग्वाले द्वारा सर्प–हनन पर
सारी बस्ती में साँपों की बाँबी बन गई
और रह गई ऐसी हुमक
जिसे सारा गाँव दुहराना चाहता था
साँपों को दूध पिलाकर
अपनी भूल का प्रायश्चित करने
और वह समय आया तब,
जब साईं पधारे
भोले शंकर का रूप धर।

शिरडी के साईं बाबा पर्याय थे
मानव और मानवेतर
जागतिक और दैविक
सिद्धियों के चरम फल के,
उस निष्कपट भोले संन्यासी में
एक साथ ही फकीरों की सादगी
बाउलों की मस्ती
और योगियों की आनन्दानुभूति
आकर सिमिट गई थी,
वह रमता योगी
सदियों के पुण्यों की उपज था
और जा बसा था द्वारिका माई मसजिद में
तापित और शापितों को परम सुख देने
'ऊदी' की परम औषधि लेकर,
चारों ओर बरसते थे
मानव–सेवा के नये आयाम।

आठ बरस लग गये
बाबा को फिर से वसुधा बीच आने में,
नाटक से पहले
रंग मंच की सज्जा जरूरी है,
आँधी आने से पहले
थम जाते हैं वायु के चारों कोने,
जैसे ज्वार से पहले
थम–थम करने लगता है
सागर का पृथुल जल,

ठीक वैसे ही साईं के आने से पहले
खुल गये जग के अघ–बन्ध,
चारों ओर व्याप गई परम सुख–शान्ति,
मीठे पानी का गोल्ल पल्ली
इतिहास की करवटों बीच
बना रहा साँपों की बाँबी
'पुट्टपर्थी' नाम धारण किये
और बाबा के पुनरागमन पर
हो गया शाप मुक्त सारा गाँव,
बन गये चित्रावती के कगार
प्रकृति के अपार आगर।
महापरिव्राजक वेंकावधूत
और महाशय कोंडमराजू की
युग–युगों की साधना फलीभूत हुई,
जब उनके घर पधारे
भोले भण्डारी
देह धर।

आने से पहले
माँ ईश्वरम्मा को
देते रहे नये सपने
खड़काते रहे ढोलक
बजाते रहे मदाला
गमकाते रहे मृदंग
अदृश्य की उँगलियों से दृश्य से बने
और माँ चमत्कृत थी–

यह कौन है जो आने से पहले
संकेत दे रहा है छिपकर किसी कोने से
घर को भर रहा है अपनी सलोनी विभूति से,
माँ को पता न था
दिगंबर को आना है
अब न केवल बाघंबर में,
वे सब तो पड़ गये पुराने अस्तरण
लीला बिहारी की विकीर्ण होती
कलाओं को छिपाने में।
पिता चल पड़े तत्त्वज्ञानी से
पूछने मन के अनेक प्रश्न –
क्यों बज उठते हैं मृदंग?
क्यों उठती है नैसर्गिक गंध ?
घर के सभी कोनों से,
क्यों आते हैं स्वर्गिक सपने?
जन्मदात्री को अनेक बार,
उन्होंने समझाया–बुझाया
मन के अनेक कोनों से,
ये तो सभी शुभ शकुन हैं,
किसी महात्मा के आने के;
कभी शुद्धोधन की पत्नी को भी
बुद्ध के आने से पहले
दिखे थे ऐसे ही सपने और ऐसे ही शकुन,
उन्हें लगा था स्वर्ग का शुभ्र हाथी
उनकी कुक्षि में प्रवेश कर गया है,
जिसे स्वप्न–विचारकों ने परम शुभ

और मंगलमय बताया था।
पेद्दा वेंकमा शान्त हुए,
वे मनस्वी और तपस्वी थे–
कोंडमराजू के सपनों की घनी तसवीर।
कोंडमराजू ने बनवाया था अपनी धरती पर
सत्य भामा का एक अकेला मन्दिर,
जगह–जगह बनाई थीं उन्होंने
रामलीला और कीर्त्तन की बाल मंडलियाँ
पेद्दा वेंकमा पालते रहे उन सभी भावों को
मौन, शान्त और परम्परानुगतिकता के दायरे में।
और फिर अनेक दिनों ने
उस दिन के लिये बिछा दिये
पलक पाँवड़े,
प्रतीक्षा के अनन्त दोल पर झूलती
आ गई सुप्रभातम की मधुर वेला,
गूँज उठे चहुँ ओर
हर–बम–हर–बम के महा बोल।
वायु के पंखों पर तिरते–तिरते
पक्षियों का कलरव गूँज गया
माँ के आस पास
उनकी प्रसव–पीड़ा हरने
या आने वाले के स्वागत में
बोल उठा वैतालिक हर डाल पर।
श्रीमती लक्ष्मा रुकी रहीं
कथा पूरी होने तक,
प्रसाद और चरणोदक ले

वे घर पधारीं और माँ
प्रसाद पा हो गईं आश्वस्त
लीला बिहारी को जनने
वात्सल्य की लकीरों में।
वे सब स्तब्ध रह गईं यह देख
आशुतोष को झुला रहा है
एक काला नाग
बिना किसी व्याघात के,
नर का एक भाव है
भयंकर से डरना
और सुन्दर को प्यार करना,
सोहबर में सभी महिलाओं के संग
भयातुर माँ ने आकुल कंठ से
चेतना के खिंचे तारों को सँभालकर
त्रिलोकी से माँगी अपने लाड़ले की रक्षा
और देखते-देखते भयंकर नाग
चित्रपट से सदा के लिये अदृश्य हो गया।

बाल साईं के दाँये हाथ में
विभूति झरती थी झर....झर
भोली माँ पोंछ भर देती थी उसे बार-बार
और सोचती यह क्या है?
इससे आगे और कुछ सोचना
उसकी सामर्थ्य से बाहर था,
केवल सामर्थ्य थी लाड़ले को
बार-बार गोद में भरने

और अमित चुम्बन
उपहार में देने की,
वायु के पंखों पर तिरता
वह दिन भी आ पहुँचा
जब पंडित ने ज्योतिष गिन
और लग्न शोध बालक का नाम रक्खा
'सत्य नारायण', और प्रथानुरूप
जब कान में नाम की पुनरावृत्ति की गई,
तो बालक केवल मुसकरा भर दिया,
जैसे अँजुरी भर धूप
बिखर गई चहुँ ओर
वायु के झकोरों पर
और फैल गया केवल एक स्वर, सब ओर
साईं नारायण! नारायण हरे–हरे
अवतार धर्म हित धरे–धरे।

•••

छठा सर्ग

''नटवर सत्य साईं''

भारत से लेकर
यूफ्रैटिस नदी के कूलों तक
'अर्धनारीश्वर' की
'याभे' के रूप में मान्यता
सर्व विदित है;
'अर्धनारीश्वर' में
रहते हैं आद्या माँ के सहजात गुण
और भोले शंकर के सहजोच्छ्वास।
ऋषि भारद्वाज को
दिये वचन की सत्यता प्रमाणित करने
राजूवंश में पधारे
औघड़दानी नर देह धर कर
जागतिक सिद्धियों के बीच।

शैशव से ही सत्यसाईं
याचक के पधारने पर
बेचैन हो उठते

और बेहताशा माँ की धोती पकड़
व्याकुल से गोलाई में
असीम से ससीम के भाव में
बेशुमार चक्कर लगा मारते,
ईश्वरम्मा के अदृष्ट होते ही
जो हाथ लगता उसे थमा देते,
याचक आशिष बिखेरता
अखिलेश्वर से प्रसाद पा
विदा होता भविष्य की सुनहरी
आशा में
और माँ अधीर होती
लाड़ले की सब ओर फैली
दया और माया की
महकती कथाओं से।
माँ ने अंक भर
प्यार से कपोल पर
चुंबन की छाप लगा
बेटे को समझाया
सारा इतिहास अनेक खंडों में,
तुम सबको जो हाथ लगता है
प्यार से पकड़ा देते हो
विधाता भी कहाँ लिखता है?
पूरी भलाई सबके भाल में,
पर यही क्रम चलता रहा
भोले बालक का वर्षों तक
और एक दिन साम, दाम, दंड

के सभी विभेदों को
परिभाषित करती माँ
उजागर कर बैठी–
आगे से किसी को दिया तू ने
तो भूखा रहना पड़ेगा तुझे,
खाने को नहीं मिलेगा एक किनका,
तू तभी छोड़ेगा यह खेल
दौड़–दौड़ कर देना
और सारा घर 'जी' खोलकर लुटाना।

पर साईं के भाग्य में
लिखा था कुछ और ही,
दूर क्षितिज से जैसे ही
एक काली मटमैली बूँद सरीखी
आकृति रूप लेने लगी
साईं का मन मचल उठा
कुछ देने और करुणा भरी आँखों में
हर्ष के दो कतरे छलकाने।
आज सारे दिन बाल साईं
माँ से अलग–थलग रहा
और घर के काज से मुक्त होते ही
माँ को याद आई छोटी संतान,
पुकार हुई साईं की
दौड़ा आया ममता–बिन्दु
माँ के स्नेह–पटल पर
एक नई लकीर खींचने।

क्यों रे, सत्य! तू आज कहाँ–कहाँ घूमता रहा,
दूर मत जा वत्स! मारेगी किसी की गैया
या
पड़ौस की औरतें लेंगी तेरी बलैयाँ
और तू थक जायेगा यों ही बिंध कर
किसी मायाविनी की कुदृष्टि में,
बेटा! मुझे बड़ा डर लगता है
जब तू जाता है चित्रावती के कगार
या, पर्वत श्रृंग के ऊँचे बिन्दु पर खड़े
इमली के पेड़ से लोगों को देने
तरह–तरह के उपहार।
उनकी क्या है, वे तो लेकर उसे
माथे से लगाते हैं और तेरे प्रति
विस्मय से भर जाते हैं,
पर कोई मुझ दुखिया माँ से पूछे
मेरा कलेजा कितना धुकुर–पुकुर करता है,
जब मेरा लाड़ला अपनी चिन्ता छोड़
दूसरों के लिये अपनी जान को
जोखिम में डाल देता है,
मैं क्या करूँ?
अरे, अपने सत्य के लिये तो मैं केवल माँ हूँ,
और कुछ भी नहीं।
मुझे वही जानेगा
जो माँ का हृदय पायेगा।
कहते–कहते माँ मूक हो गई
खो गई भविष्य की गहरी चिन्ता में,

तभी अचानक उसे भभक कर याद आया
उसका सत्य आज भूखा है
खाना खाया कहाँ लाड़ले ने?
माँ ने अपनी ओर ताकते बेटे को झिड़का
क्यों रे, अभी तक भूखा है
और खाना भी माँगा नहीं,
कहीं ऐसे रहा जाता है अपने घर में,
माँ को लगा देख काम में
तू खुद ही क्यों नहीं खा लेता?
जो तुझे भाये और हमें हर्षाये;
बालक बोल उठा माँ के विस्मय को
करता झंकृत, अपनी मीठी बोली में
पर माँ तुमने तो आज खाना न देने
की बात कही थी कल सौ बार
सो मैं क्यों खाता?
और तुम्हें दुखी करता
अपने जटिल व्यवहार से
और माँ सचमुच छिन्न मूला हो गई
अपने पूत के कोरे व्यवहार से।
बालक ने अपने नन्हे हाथ
उठाकर माँ के मुख से लगा दिये
माँ का घ्राण तृप्त हो गया
दूध, घृत और ओदन की सलौनी गंध से,
जिज्ञासा के त्रिकोण में
घिरा देख देह धारी माँ को
बोले अविनाशी, अशरीरी शंकर–

एक बूढ़ा खिला गया मुझे
दूध, घृत और ओदन का अद्भुत सम्मिश्रण,
तुम क्यों चिन्ता करती हो
भावों की उतरती परिधि में
और माँ ने सचमुच लाड़ले को
अंक में भर छोड़ दिया दुनिया की अंक में
विचरने हर ओर।

टुल...टुल...टन...टन
मंजीर की दूरागत ध्वनि
कानों में अमृत घोल रही है,
शब्द–हिलोर पानी–सी
सूखी धरती में घुस रही है
हौले–हौले डरती–सी
कीर्त्तनियों का दल निकला है
पांडुरंग विट्ठल के द्वारे
प्रस्वेद से लथ पथ
सब थके हैं
दिशायें अनन्त में खो गई हैं,
नैशाधंकार उतरा है
दिन के बीचों बीच
भक्ति के आवेश में, गहरे आवेश में
विट्ठल का द्वार फैल गया है
मीलों की परिधि में,
आतुर कंठ पुकार उठे हैं–
आओ, विट्ठल प्रभु! आओ

दर्शन दो प्रभु! दर्शन दो,
अब राह नहीं चली जाती
पाँव थक गये हैं
अपने अंक में ले लो दया निधि
और मंडली में मिलते गये हैं
दल के दल रह–रह कर सर्वत्र,
अमिय गंगा में बहुसंख्य नदी–नद
मिलते गये हों सहयोगी कथा–से,
हाथ–पैर थिरक उठे हैं
मृदंग की सब ओर से लपेटती
गहरी आवाज में,
बालक सत्य चल रहा है
मंडली के साथ नृत्य और गान में डूबा।
यह अजीब बालक है
एक दम भोला, खोया–सा,
दूर तक बिसूरती इसकी आँखें
सबका सब कुछ पढ़ लेती हैं
और यह आतुर है
सबका सब कुछ अपने ऊपर लेने में।

आज तो लो गजब हो गया
शकट बढ़ रहे हैं
वादित्र बज रहे हैं
भाव उठ रहे हैं
लोग खो रहे हैं
पांडुरंग – पांडुरंग की गुहार

गूँज रही है सब ओर
आई है षोडशी नव तन धार
अस्पताल में अपने जीवनाधार को
नैन भर पाने,
लोगों ने जगह दे दी शकटों में
सोदार आगे–पीछे होकर,
पर यह क्या मन व्यग्र हो गये?
सत्य के खोने पर,
चिन्ता थी केवल एक बात की,
जब ईश्वरम्मा पूछेंगी
मेरा सत्य कहाँ छोड़ आये?
ले गये थे अपने साथ बड़े लाड़ में
तब ये भोले, नितान्त भोले
कीर्त्तनिये क्या जबाब देंगे?
कहेंगे माँ, तेरा लाड़ला बड़ा नटखट है
किसी एक जगह बैठना सीखा नहीं
बचपन से, सब ओर दौड़ता है,
आगे से नहीं ले जायेंगे
अपने साथ इस चुलबुले को,
पर यह कैसे कहेंगे?
वह तो खो गया है भारी भीड़ में,
छा गया सब ओर
शोक–लहरों का दुर्भेद्य अंधकार।
पर यह क्या, अरे हम अंधे थे
यह तो बैठा है हमारे बीच खी....खी करता
और फिर सुनाई पड़े गुरु के

अपने गुरु के भारी स्वर–
मैं परीक्षा ले रहा था तुम सबकी
भक्ति के आवेश में कहीं भूल न जाओ
अपना गुरुतर कर्त्तव्य,
षोडशी को बिठाकर तुमने निभाया
अपना धर्म और वह मैं था
जरा पहचानो और कौन था?
सबके चहरे पर मुसकान थी
अकेला विस्मित सुर था–
गुरु तुम कौन हो, तुम जानो?
हम कैसे पहचानेंगे निरे बालक?
केवल तुम्हारे सखा।

पर यह भूल है
एक दम निरी भूल है
गोपाल को पहचाना है
'छाक' बाँटकर खाने वाले सखाओं ने,
गोपाल कैसे भूलेंगे बचपन के उन सखाओं को?
जो अधिक पाने की ललक में
नन्हे कन्हैया से रोटी की छीना–झपटी करते थे
और क्रोध में, खेल–खेल में
दुनिया भर की गायों को
सब ओर से हँकाते थे और खुद
पीपल की छाँव में दुपहरी काटते थे,
नन्हा गोपाल आँखों में आँसू भरे
तपते सूरज में सब ओर दौड़ता

यही सोचता माँ से कैसे कहूँ?
यह सब आफत, यह तो
मैं ही सहूँगा, अन्यथा
कल कैसे आने देंगी वन में?
सखाओं के साथ आँख मिचौनी का
खेल खेलने खिदर वन तक।
और भोला सत्य निहोरा करता
ताकता रहा अपने सखाओं को देर तक,
सबने मिलकर सत्य की मिन्नत पर
यह वचन भरा तीन बार–
चलो ठीक है, जो हुआ सो हुआ,
पर ईश्वरम्मा से न कहेंगे खोने की बात,
सब ओर टँक गई अमर हँसी
सब ओर लटक गये आशा के
नये चटकीले वितान,
कड़कती धूप में
लहर गया सत्य का अभय हस्त
सखाओं को मिश्री देने और आश्वस्त होने,
घर लौट कर वे मौन रहेंगे,
नटवर को विट्ठल के द्वारे
नाच रंग में कल भी आना है
और वे सचमुच भूल गये
मिश्री की मिठास में
देहधारी शिव का बगैर कहे
इधर–उधर भटकने का महापराध,
गंतव्य पर कूद पड़े कीर्त्तनिये

गाड़ियों से बाहर
कीर्तन की स्वर लहरी पर
सबको रुलाने, हँसाने और
मीठी नींद में सुलाने
विट्ठल के द्वारे–बड़े हौले–हौले।

और एक दिन नाच उठा साईं
ता तिरकिट थई.....ताथई....ताथई...
किसी की लाज रखने बन गये साईं
ऋक्ष्येन्द्र मणि और जी भरकर नाचे
सज सँवर कर अपने पूरे कौशल में,
नाटक की कला प्रपितामह से विरासत में
मिली थी साईं को,
भक्त प्रह्लाद की रक्षा करने
साईं बन गये पूरे नरसिंहावतार;
भभक उठे दोनों नेत्र अंगारे से,
फड़क उठे दोनों बाहु शत्रु को मसलने,
भयंकर आकृति देख डरे नर–नारी
फिर सभी ने मिल उतारी आरती
फिर कहीं शांत हुए नरसिंह,
नाटय–कला पात्र को जीवन्त करने में है,
नर तन धारी शिव को अपने दसावतारों में
नरसिंहावतार ही काम्य है।
यों सुन्दर और सहज के प्रति
बाबा के मन में जीवनारम्भ से ही
सहजाकर्षण रहा है,

बचाकर आँख लगाते रहे भाल पर
बिन्दी और पैरों में घुंघरू
कृष्ण की तरह गोपालक से सखा सजाकर
उन्हें बिठाते रहे राम की सवारी में
और पान करते रहे नेत्रों में
अपरिमित सौन्दर्य
वर्तमान की धरती पर
और उसके आगे खुलते थे
भवितव्यता के कपाट
जो दे जाते थे अभिनव संदेश
परमाराध्य के ललाट से।
वहीं बन गये थे तीर्थ से सुखकर
हर प्राणी को साईं के पावन दर्शन।

हमारे तीर्थ, हमारे मन्दिर, हमारे मठ,
हमारे देवालय, हमारे देवस्थान,
हमारे तपोवन और ऋषिकुल के सांचे में ढले
सीधे सपाट आश्रम
युग–युग से मानवता का अध्याय
दुहराते रहे हैं और रह गई है
एक ऐसी चाह जो अध्यात्म की ओर
बड़े प्यार से झुकती है
और दे जाती है खुद को जानने की अमर चाह।
बाबा ने यंत्र युग की प्रभाती में
अपने जीवनादर्शों को
जनता के मध्य में रखकर

शांति का अमर संदेश दिया है,
मानवता को सच्चा मसीहा मिला है,
प्यार की तरसती दुनिया को
सच्चा हम सफर मिला है,
बाबा सब में हैं, सब बाबा में हैं,
फिर 'मैं', और 'तू' की व्यावर्तक रेखा कहाँ है?
वह छोटी पड़ गई है
बाबा की उन अमिट रेखाओं में
जो वे अपने भक्त के चारों ओर
गहरी आत्मीयता में
उसके विकासार्थ सांकेतिक ढँग से
हर ओर खींचते आये हैं।
बाबा को समझने से पहले
उनका सहज 'सुभाव' समझना होगा
और समझने होंगे सारे भाव
जिनमें बाबा अपने भक्तों के बीच
केवल उन्हीं के हैं
और विश्व की कोई शक्ति
उन्हें उनके भक्तों से विलग नहीं कर सकती।
वे अनेक रूप धरते हैं भक्तों के लिए
सहज हो जाते हैं उनकी जटिलता में
उमग पड़ते हैं हर दुविधा के कगार पर
सँभाल लेते हैं उनका हर कष्ट अपने में मिलाकर,
तभी तो पागल सी जनता जीवन के हर मोड़ पर
उत्ताल स्वर में गाती रहती है–
दीन दयाल बाबा, दीन दयाल।
परम दयाल बाबा, परम दयाल॥

•••

सातवाँ सर्ग

‘‘वसुधैव कुटुम्बकम्’’

बालसाई
जागतिक ज्ञान के
अपार भंडार थे,
अपने बचपन में ही
वे ज्ञान की अनन्त दूरियाँ
लाँघ गये थे,
केवल शिक्षक को
सम्मान देने और माता–पिता
की आज्ञा–पूर्ति–हेतु
वे ग्रहण कर रहे थे
जो दिया जा रहा था उन्हें
युग–मानक और मानव मूल्यों के
उपोद्गाता शिक्षक से,
यों शिक्षक के प्रति उनमें अपार ममता थी।

बाबा, स्वयं एक महान शिक्षक हैं,
शिक्षक वह जो दे, जो समाज को बाँधे,
समाज को आगे बढ़ाये

और शिष्यों को अपने से महान
बनाने की तपश्चर्या में लीन रहे।
बाबा का दैविक ज्ञान
सतेज मुख–मंडल
ज्ञान के अनेक प्रस्तरों को भेदती
अपने में खोयी दूर निहारती
अभेद्य दृष्टि और दैविक कर की
अपार शरणागति।
यह सब क्या है?
इस सबमें कौन–सी माया है?
कौन–सा आकर्षण है?
कौन–सा भाव है जो बगैर कहे
हमें अपने में खींचता है और नाग–पाश सा
रात–दिन अपने में जकड़ता है।
एक मौन शिक्षक
शान्त भाव से
हमें रात–दिन आगे बढ़ा रहा है,
एक दिव्य शिक्षक
अपने अध्यात्म–ज्ञान से
हमें सच्चा मार्ग दिखा रहा है,
एक परम तपस्वी
अपने गहन तप का
पुण्य प्रताप जग को बाँट रहा है,
एक आवारा मसीहा
समाज के आतप झेलता

जग के दुख–दर्द बाँट रहा है,
ज्ञान का परम पिपासु ऋषि
अज्ञानियों के बीच
वेद और वेदान्तिक सिद्धियों का
परम रहस्य समझा रहा है,
एक परम अध्यापक
अपने शिष्यों के मन में
आस्था और निष्ठा के बीज
बो रहा है,
घर फूँक तमाशा देखने वाला
एक समाज सुधारक
घर की चौहद्दी बढ़ाकर
तापित और शापितों में
'वसुधैव कुटुम्बकम्' का राग अलाप रहा है,
एक रमता योगी
परहित की भावना में बिंधकर
नर–सेवा में नृयज्ञ रच रहा है,
ऋषि यज्ञ का प्रस्तोता
वैदिक ज्ञान के साँचे में ढले
शिक्षण संस्थानों की निर्मिति को
अपना ध्येय बनाकर
सबको अपने पीछे बुला रहा है,
अजीब माया है
भोले भंडारी को
संसार की माया ने
अपने में जकड़ लिया है,

भोले भंडारी युग–युगों से
जगतोद्धार के लिये
नाच नाचते रहे हैं
और नटवर बिहारी
त्रिभंगी धर
मुरली की तानों में
अपनी माया को
अपनी राधा को
हर समय रिझाते रहे हैं,
बाबा अपनी माया में
अग–जग के सारे तारों को
जोड़कर, विश्व बंधुत्व की
हिलोरें उठाते रहे हैं,
बाबा के भक्तों का
अपना एक परिवार है,
जिसमें मानव–सेवा का मोती
धर्म–स्थापन के उद्देश्य से
रात–दिन पलता है।

सागर में तूफान आता है,
नई सीपी गर्भ धारण करती है
और पुरानी सीपी
गर्भवती होकर सागर के तल में
बैठ जाती है या तट पर आ जाती है
किसी की माला में बिंधने,
सागर में तूफान आता ही है

गहरा उफनता है सबको अपना सर्वस्व देने
और छोटा उफनता है विधाता की सृष्टि में
मनोहारी सृष्टि में व्याघात रचने,
और एक दिन, केवल एक दिन
बाल साईं के मन में
सागर का तूफान आ गया,
सागर मथ उठा
धरती टलमला गई
आकाश लौहित्य होकर धूल से अट गया
दिगन्त में भर गई साँय.....साँय,
यह महान का परिवर्तन था
'महत्' की प्राप्ति के लिये;
'महत्' की प्राप्ति कभी सरल नहीं होती,
और साईं बार–बार चक्कर काट रहे थे
घर से स्कूल और स्कूल से घर,
उनका 'अन्तस्' मथ रहा था
जग को मधुर नवनीत देने
और उसे पाने को आतुर अंजनीयुलू भक्त की नाईं
सतत् बाबा के पीछे रहे,
मास्टर महबूब भी तो माया बिद्ध
बाल साईं को लाड़ करते थे,
उन्हें प्यार करते करते बदले में
कितना पा जाते यह बेहिसाब है,
आशुतोष की द्रवणशीलता
सांख्यिकी की पकड़ से बाहर है।

बालसाईं का आनन प्रकाश–चक्र से घिरा
सब तरफ से दिप रहा था,
मन मथ रहा था माया को त्यागने
और अपनों को पाने,
वाणी उत्ताल तरंगों पर नाचने लगी
होठ कँपे, स्वर फूटे–
मैं केवल तुम्हारा ही नहीं
सारे जग का हूँ
और आज से
सब का बनकर रहूँगा।
प्यारी भाभी मर्माहत हो गई,
साईं से उसे ममता थी,
उसने कब सोचा था उसका देवर
उसके सामने दो टूक बात कहेगा,

यह ठीक है परमात्मा इंसान को बनाता है
और इंसान अपने बीच में
अनेक इंसानों में परमात्मा पैदा करता है,
पर इंसान होकर अपनों को भूलना
मानवेतर कार्य है,
अतः आँसू का वेग थाम
अनहोनी को साधने
भाभी घर के अन्दर भागी गईं
और लौटीं शेषम राजू के साथ।
राम–लक्ष्मण और सीता की यह त्रिमूर्ति

न कभी गली और न कभी गलेगी;
काल के सतत् प्रवाह में
इसने अनेक रूप धरे हैं,
पर यह चिर कालजीवा है
और जब तक भारत के आँगन में
बड़ों का सम्मान है,
वे पूज्य हैं ऋषि तुल्य,
तब तक यह मूर्ति अनेक रूप धारण करती रहेगी
यही हमारी सनातन संस्कृति का सार है।

शेषम राजू साईं का रूप देख
एकदम निरुत्तर हो गये,
साईं से चिपके उनके हजारों भाव
लाजवंती की तरह देहलीज पर आकर
सदैव के लिये ठिठक गये,
भाई ने सोचा था साईं बड़ा होकर
अफसर बनेगा, उसका हाथ बँटायेगा
परिवार का बोझ उठाने में
और यहाँ भाई खड़ा है
घर छोड़ने को उतारू कमर कसकर।

सागर का जल लौट पड़ा
लहरों के विरुद्ध छर....छर का रोर करता,
साईं ने घर त्याग दिया
सबके लिये, जग के लिये,

माया हुई आतुर भक्तों पर
पसर गये भक्तों के बीच
उनके, केवल उनके होकर
साईं का परिवार बना जग के लिये।

मन के सब बंध खुल गये,
तृष्णा के भाव छँट गये,
बाबा का परिवार निराला है,
परिवार की कल्पना निराली है,
इस तबाही भरे भौतिक युग में
जग को परिवार कहना

बड़े जीवट का काम है।
दुखी को गले लगाना
पापी को तारना
पातकी को सांत्वना देना
मर्माहतों को भस्म, अँगूठी देना
यह सब छोटा है,
इससे बड़ा है वह भाव
जिसमें बिंधकर बाबा ने बचपन में ही
घर त्यागा था और तभी
'स्व' की वसुन्धरा में 'पर' का पादप
अंकुरित हुआ था, जो आज
प्रशान्ति निलियम की प्रतिमूर्ति में
वट वृक्ष बन गया है,
'परहित' यही बाबा का अध्यात्म शास्त्र है,

यही बाबा की अकेली पूँजी है
यही बाबा का भोजन है
यही बाबा की साधना है,
युग बीत गये यही व्रत साधते
कृशकाय बाबा को अपने भक्तों के बीच,
अरे, कोई है जो भक्तों की पुकार पर
दौड़ा चला आये नंगे पैर
अरे, कोई है इतने बड़े जग में
जो बगैर कहे, बगैर बताये
कृपा करता रहे, माया करता रहे
और दूसरों को अहसास तक न होने दे।

आज संसार कितना छोटा हो गया है
कोई किसी का एक काम करता है
सौ बार कहता है,
दूसरे को अपने सामने सौ बार
छोटा बनते देख किसी को लज्ज्ञा नहीं आती है,
सब अपने–अपने की पुकार में
नितान्त बौने हो गये हैं,
'भूमा' का आकाश छूता पर्वत
बौना मानव कैसे पार करेगा?
यही समस्या है
और इसने घेर लिये हैं
जग के सारे समाधान,
मन में बिजली से कौंधते हैं
बाबा के दो शब्द, केवल दो शब्द–

तुम मुझे प्यार दो, मैं तुम्हें प्यार दूँगा
तुम एक पग मेरी ओर आओ
मैं दस पग तुम्हारी ओर आऊँगा,
इसी में घुल जाते हैं लोभ, क्रोध, मत्सर के
अनबुझे तीर,
इसी में घुल जाते हैं क्रोध के शोले,

ईर्ष्या के पहाड़ और फूत्कार की आँधी।
इसी में घुल जाते हैं मन के सारे
निरर्थक भाव, जो जटिल पापों की
गहरी, पाताल भेदी जड़ हैं।

प्यार की जड़ हरी होती है
काटने पर कभी उसे सूखते
किसी ने नहीं देखा है,
साईं ने जग को बेशुमार प्यार दिया है,
प्यार करने वाला
केवल प्यार देता है,
बदले में क्या मिलेगा?
उसे अपने खाते में से
बगैर कहे खतिया देता है,
प्यार का यही अजीब सौदा है
इसमें घाटा कैसा?
इसे प्यार करने वाला
सच्चा प्यार करने वाला
कैसे जाने?

उसने कभी बैठकर
व्यापारी की तरह
दो और दो चार का हिसाब
कब लगाया है?
वह बहुत भोला होता है,
दुनिया उसे दाता कहती है,
ऐसा मसीहा कभी–कभी आता है
और सभी को अपने प्यार की छाँव में
बटोर लेता है।
और हाथ उठाकर
सबको कहता है–
इतने हैवान मत बनो
कि आदमी की पहचान ही गुम जाय।
वह कब कहता है?
कि इंसानियत की टकसाल में
खोटे सिक्के भर गये हैं,
वह कब कहता है
कि मैं सबसे अच्छा हूँ,
वह कब कहता है
कि मैं भगवान हूँ,
दुनिया 'दाता' को ही भगवान कहती आई है,
'त्राता' ही भगवान है,
इसके अलावा भगवान को कभी किसी ने नहीं देखा है?
भगवान 'मूरत' नहीं
'मूरत' के पीछे छिपा 'सूरत' का वह भाव है
जो दुनिया भर की 'सीरत' को जन्म देता है,

बाबा ने जन्म जन्मान्तरों में
समाज की बिखरी इकाइयों को एक किया है,
एक मुट्ठी चावल खाकर
कृष्ण की तरह अपौरुषेय बल से
अनेक विचारों को टीन तले
संयम से बैठना सिखाया है
और छोड़ दिया है उन सब को
अपने जैसों की तलाश में,
यह सच है, केवल सच है
आप सब सच मानें
जन्म देने वाले से गढ़ने वाला
बहुत बड़ा होता है,
वही तो भगवान है, निखालिस भगवान
और बाकी पत्थर के देवता–
वे हमारी कल्पना के
बंदी उच्छ्वास हैं।

धारा का क्रम उलट गया है
सशरीरी की जगह अशरीरी
की उपासना का क्रम हमने
तपश्चर्या रत मुनियों की
अमरवाणी में ही पाया था
और भौतिकता में डूबा आज का बौना
उसी के साथ चिपक गया
भवितव्यता की चौखट पर,
उसकी दिशायें खो गईं

और दिशा बोध अज्ञान के कुहासे में
सो गया, सदैव के लिये सो गया
रह गई केवल अपने की तलाश
और अपने की तलाश में हम पूरी तरह खो गये;
अधिक पाने की जीभ लपलपाती
चाह–सर्पिणी ने
डस लिये भगवान के सभी रूप
और फिर सर्वग्रासी बदलते क्षणों में
मनुष्य के लिये सर्वस्व जुटाने वाला
हो गया भगवान, मन चाहा भगवान,
कलिकाल के आदमी ने भगवान को
एक अकेले भगवान को अपने स्वार्थ के लिये
छुद्र स्वार्थ के लिये बेच डाला,
नहीं तो वैदिक ऋचाओं में
चाहे सोम हों या पूषा
चाहे इन्द्र हों या मरुत
चाहे विष्णु हों या पर्जन्य
सबसे कर्मरत आदि मानव ने
अपने कर्म के बूते पर
उनकी शुभाशिष माँगी थी,
वही आशिष उसे द्वापर तक
काम्य बनी रही और उसी ने
खोले सफलता के नये द्वार,
पितृयज्ञ में भरोसा रखने वाला
आदिम मानव
घर के बुजुर्ग को घर की शोभा मानकर

बीजाक्षर की तरह जपता रहा,
हर देवता की कृपा से
उसका भाल, उन्नत भाल
बिना माँगे अनोखी आभा से
दिपता रहा,
यही कर्मों का फल था
जो युग–युगों तक हर मानव को
विरासत में मिला है
और हर पीढ़ी उसे भाग्य की
धरोहर मान कर माथे पर चढ़ा लेती है।
साईं बाबा ने हर पल कर्मों की,
पुण्य कर्मों की महिमा गाई है
और उसके साथ साधु जनों की संगत को
सोने में सुहागे की संज्ञा दी है;
तभी तो साईं परिवार का हर जन
नर–सेवा में नारायण–सेवा का
आस्वाद्य चखता है
और प्रेम के विमल जल में
आकंठ डूब कर
चिर सखा भगवान साईं की
कृपा–मूल धरकर
अपने तीनों 'पन' भूल जाता है।
इस तिरती दुनिया के छोर पर
यही नाम–बेड़ा जग का आधार
बन गया है।

बाल साईं उस दिन
अपने घर की चौहद्दी क्या पार कर आये?
फिर कभी अपने कहे जाने वाले
घर में न लौटे,
उनका अपना सब में खो गया
सब उनमें खो गये,
चारों ओर शोर मच गया
साईं ने घर त्याग दिया है
और अब अंजनीयुलु के उद्यान में
हरि–कीर्त्तन की झीनी–बीनी चदरिया ओढ़
आत्मा के हर माप से ऊँचे उठ गये हैं।
अध्यापक आये
साथी–संगी आये
गोपालकों से एक कक्ष में बैठने वाले
सहपाठी आये,
यों कहो उस महार्णव में मिलने
चारों दिशाओं से अनेक जन–नद उमड़ पड़े,
साथी संगी हिलक–हिलक रोये
अब न मालूम कब कल्पतरु–सा गुरु ?
अपने झोले में से कभी कुछ देगा या नहीं
अब फिर कभी तन–मन को झंकृत करने वाली
सत्य की मधुर वाणी कहीं पार्श्व से गूँजेगी या नहीं
उन्हें याद आये रास्ते के कौतुक
और कौस्तुभ मणि से रह गये हर सखा के पास
सत्य के अमर बोल।
बाल साईं ने सामान्य से ऊपर उठकर

उस दिन त्याग दिये अपने
बाल लीला के आठों याम,
वह बाल साईं अजर है,
अमर है,
जरातीत है,
बच्चों की सुलभता उनके होठों पर
छप गई है भोली मुसकान लेकर,
बच्चों की तुतलाहट
उनमें जमकर बैठ गई है,
जब वे परम दुखी को देख
दुखों के चौखटे में जड़ जाते हैं।
त्वरा से हाथ घुमा
विभूति पैदा करते हैं
और नितान्त भोलेपन में
पुलक के साथ
उस दीन को दे देते हैं,
आप इसी क्षण अर्थ विपर्य कर लें,
साईं की कृपा पा
कब कौन दीन–दुखी रहा है?
जो भक्त के लिये
भोलेपन की स्वभावगत परिखा में
अपने प्राण दे दे,
उस सनाथ के रहते
हम अनाथ कैसे?
दधीचि के रहते
वृत्रासुर कैसे जन्म लेगा?

हम सब इन्द्र हैं
अपने बाबा की कृपा–मूल ले,
हमें वृत्रासुर मारना है,
उनके हर जन को
दम्भ का, पाप का, संकीर्णता का
अपने भीतर छिपा हर वृत्रासुर
रोज मारना है,
तभी हाइड्रोजन बमों के ढेर पर बैठी
इस दुनिया को वृत्रासुर हीन करके
हंता को ज्ञानोदय के अन्त तक
मारकर ऋण मुक्त कराया जा सकेगा,
प्रेम की धुरी पर घूमने वाले
काल–रथ का दुर्धर्ष चक्र
हर वृत्रासुर को मारेगा,
तभी दुनिया बालकों की भोली हँसी के बीच
राहत की साँस लेगी
और वही ईश्वरम्मा की कुक्षि का
अमर साफल्य होगा।
तभी हम कह सकेंगे
माँ की ममता हम सब में बसी है
और समय की धार पर
बाल साईं की तरह
माँ के पावन ममत्व को
पीछे छोड़ कर्त्तव्य–कूप में
उतरना होगा, और तभी
हर मानव को धर्म का,

कर्म का, ज्ञान का, काया का
श्रमसना, सुखपगा
सच्चा सुख मिलेगा
और तभी हम सारी वसुधा–पादप की टहनी बन कर
भावी मानव को क्षण भर बिलमने की राहत दे सकेंगे
और साईं के स्वप्न को
समाज–सेवा के उनके गहन व्रत को
अपने में उतार कर
मानवता की आधार शिला रक्खेंगे,
तपः पूत जीवन को नया आयाम दे सकेंगे
और विज्ञान के खोखले 'ढूह' पर बैठी
नश्वर दुनिया को, टूटी दुनिया को
प्रेम के मसाले से
जोड़ते–सँवारते जीवन की
अमर सार्थकता दे सकेंगे
और तभी सुखान्त की सुनहरी धूप सरीखे
दिगन्त में फैल जायेंगे आरती के बोल
माँ, भारती के बोल–
साईं नाथ सबन के, रक्षक निज भक्तन के।
हे भय भंजन, हे सुख कारक, दीन जनों के हे प्रति पालक॥

•••

आठवाँ सर्ग

‘‘प्रशान्ति निलियम के वातायन से’’

माँ,
इस एक शब्द में
दुनिया भर की ममता
और गहरी माया
सब ओर से सिमिट आती है,
तभी तो उग आते हैं
उसके चारों ओर
अनेक प्रश्न, अनबुझे प्रश्न
दहकते अंगारों से
हमारे कर्त्तव्य की परिखा में।
उसने जन्म दिया है
पाला–पोसा है
अनेक कष्ट सहकर,
तभी तो वह त्याग की
उदारता की
स्नेह की
ममता की

प्रतिमूर्ति कहाती है
और दुनिया भर की मूरतें
उस मूरत के आगे
छोटी पड़ जाती हैं–निहायत छोटी।
भगवान की मूरत भी
क्या होगी और क्या बनेगी?
माँ की ममता के चौखटे में,
तभी तो उग आते हैं
अनेक प्रश्न, और अनेक प्रश्न
बिन्दु सरीखे प्रश्न चिन्ह बने
हमारे जीवन के इस ओर, उस ओर, सब ओर
और हम युग–युग से ढो रहे हैं
माँ की ममता का ऋण
अपने दुर्बल कंधों पर
जग के बीच बेझिझक–बेहिसाब
और वह कभी चुकता नहीं,
उससे हम कभी उऋण नहीं हो पाते
और हों भी कैसे?
माँ की ममता
और उसके अपार चुम्बनों से,
उऋण होने का मतलब है
जग की विकासात्मक स्थिति पर
एक प्रश्न चिन्ह लगा देना
और भूल जाना अपने आस्थापरक
सारे मूल्यों को।
आस्था अन्धे की लकड़ी है

बेसहारा का पता ठिकाना है
नाचीज़ की चिन्तामणि है
हमारी भारतीयता का परिमाण
आस्था के हर बटखरे से भारी है,
जो बिखरा पड़ा है चहुँ ओर
सब के लिये, जग के लिये
एक नयी सीख देने
एक नया मूल्य पाने–
अपने को खोने
और दूसरे को पाने।
अपने को खोने में
माँ, बेमिसाल है,
तभी तो 'माँ' नाम के
जीवधारी को विधाता ने
सौंप दिये शिशु के
लालन–पालन के सारे आधार
और जग का मालिक
सो गया लम्बी तान।

'माँ' पेट के खिलौने को
छाती से लगाये
साधती रही विधाता के विश्वास को
और निहारती रही शिशु के आनन में
अपने सर्जक मूल्य
और अगाध विश्वास के
बे घिसे कोण

भविष्य के नद में,
निष्ठुरता के कगार पर
संतान के निर्मोही व्यवहार से
दूसरे पत्थरों के बीच वे कोण
बुरी तरह घिस जाते हैं,
माँ के अरमान छाती तले
रिस–रिस कर एक दम
रीत जाते हैं
और बगैर स्नेह के तो
बज्र भी घिस जाता है,
वह तो फूल सरीखा
माँ का कोमल मन है,
जो गिर जाता है
बिखर जाता है फूल सरीखा
अपनी कोमल पंखुड़ियों को छितरा कर
सब ओर।
पंखुड़ियों को उड़ते
कभी किसी ने देखा है,
माँ के अरमानों को ढहते
और तिल–तिल रिसते
कभी किसी ने अपनी साबुत आँखों से देखा है?
वह तो रोती है अकेले में
दुनिया की नजरों से
अपनी नजरें बचाकर
ताकि लोग उसका रोना जाने नहीं
और उसके वात्सल्य की छाती लगी

टूटी मूरत देखें नहीं,
टूट कर भी वह उसे
टूटी नहीं मानती है
छाती से लगाये रखती है
जीवन के अंतिम छोर तक
अपने लाड़ले के सारे सुख–दुख;
कौन कहता है?
आदमी खाली हाथ आता है
और खाली हाथ जाता है
इस असार दुनिया से,
तभी तो 'माँ' नाम की चीज़
नहीं बनी है
जो 'माँ' की अपार ममता को
सुई की नोक के बराबर भी
विश्लेषित कर सके
और 'माँ' को कोई नया उपमान
या नया जामा दे सके,
सिवाय इसके कि हम युग–युग से
उसे 'मातृ देवो भव' कहकर
एक छलावा देते रहे हैं,
हमारे पास इसके अलावा
और क्या है जो माँ के मन के
सभी बे घिसे कोणों को नाप सके
और माँ के मन को
केवल एक अकेले मन को
सही अर्थों में पा सके,

दुनिया का हिसाब चुक जायेगा
पर 'माँ' के ममत्व का
बेहिसाब ममत्व का अपार भंडार
दुनिया के हर कोने में
बेहिसाब लगा है,
उसका हिसाब–किताब करना
असम्भव है, एक दम असम्भव है,
बेहतर है हम चुप रहें
और मन की गहराइयों में
महसूस करें वह जो हमने नहीं पाया है।

अंजनीयुलु के उद्यान में
माँ को आते देख
बाल साईं के मुख से
बरबस निकल पड़ा
'माया' आई
और इससे अच्छा पर्याय
दूसरा पर्याय 'माँ' के लिये
विश्वकोश में नहीं बना है,
बाबा की शब्दावली में
'माया' पानी में ऊब–डूब करता
वह रीछ है जिसे कम्बल समझकर
मन में माया सहेजे
एक बालक जल में उतरा
और रीछ उसे बाहुपाश में जकड़ता
गहरे जल में ले चला,

किनारे पर खड़े साथी–संगी
विचारते रहे–चलो वह उसका हो गया।
अच्छा है किसी एक का हो जाना
जगह–जगह तिरते रहने से
और साथी संगी एक–एक करके
जग के किनारे से विदा हो गये।

माँ की माया सचमुच निराली है
वह हमें सब ओर से कसती है
और हम बेसहारा अवश से
उसकी गुंजलक में टूटते जाते हैं,
विश्व के इतिहास में
पिता–हंता शब्द अवश्य है,
पर मातृ–हंता शब्द
विधाता की कलम से
आज तक नहीं लिखा गया है,
'माँ' के मन की पावनता के समक्ष
मन के सारे मस्तूल गिर जाते हैं
और हम उसके प्यार की गहराई में
चैतन्य रखते डूबते चले जाते हैं
बेझिझक, बेसहारा, हर तरफ से बेहताशा;
यही माया का पसारा है
उसकी पाताल भेदी नाप–जोख है।
और इसमें काल–बोध का इतिहास
गूँगा बना मन का मोती पिरोता है
सब तरफ से पूरी तरह बेखबर हो कर।

‘माँ’ के सम्मान में झुक गये
सारे नर–नारी पंक्ति बद्ध
वर्षा की फुहार में सो गये
धान के पौधे इधर–उधर,
बीच में से पार करती जल धार सरीखी
बढ़ आईं ईश्वरम्मा बाल साईं के पास,
मौन आकाश, मौन नर–नारी
मौन रहे धरती के सारे छल–छंद,
झुक आया साईं का मौन भाव
माँ के चरणों में बार–बार,
गूँज गया माँ का स्वर मन के
तारों को झंकृत करता आर–पार,
कभी चैतन्य महाप्रभु की वत्सला माँ ने
माँगे थे गौरांग से दो वचन–
नीलाचल अधिवास तुम्हारा
एक अकेला अधिवास रहेगा,
भले ही तुम नीलाचल और मथुरा के
मध्य की दूरी वर्ष में पार करते रहो
सौ बार, और खोये रहो भक्तों में
रात–दिन अपने को पाकर,
कीर्त्तन की मधुर स्वर लहरी में
डूबे, तुम्हारे भक्त भले ही गाते रहें
गौड़ीय भक्ति के प्रेम सने
मधुर गान और तुम गाते रहो
राधा–कृष्ण के मिलन गान,
पर तुम बोलोगे अपनी भाषा में

घर की भाषा में नपे तुले बोल
और गौरांग नत हो गये
माँ के चरणों में बार–बार,
उनकी मरमराती कल्पनाओं ने
जननी का अभिनन्दन किया सौ बार,
दिन में दो चावल के दाने
मुख में रख, केवल पानी के भरोसे रहने वाली
सहभाग्या विष्णुप्रिया धन्य हुई
जननी के आशा परक शब्दों की गंध में
उसे आशा की झिलमिली बँध गई–
पति रहेंगे पास, जीवन के पास
उसके अन्तिम दिनों में, केवल अंतिम दिनों में
और वह बाँध लेगी उन्हें अपने
स्नेह के कोमल तंतुओं से।

पर क्या यह सचाई थी?
यह केवल मन की छलना थी
चैतन्य पहले ही खो चुके थे
सौ बार कृष्ण और राधा के प्रेम की
अमर झिलमिली में,
रच चुके थे सौ बार प्रेम के अमर बोल–
राधा को याद करते कृष्ण
और कृष्ण को याद करती राधा के विरह में
डुबा चुके थे बार–बार अपने को
केवल अपने को बिसार कर,
सुतरां उन्हें पाना

असली रूप में पाना
निखालिस गौरांग को पाना
विष्णु प्रिया की भूल थी,
मन की माया थी,
वह ठगी गईं अपने आपसे ही
रह–रह कर अनेक बार।
और यह सच है
भारत को पूर्व से पश्चिम
पश्चिम से पूर्व
गाते, नाचते और खंजड़ी बजाते
मृदंग और मदाला के
मादक स्वरों में राधा–कृष्ण
अपने आराध्य राधा–कृष्ण
की मनुहारें और प्रेम पगी बातें
गीतों में भरते और गुँजाते
गौरांग प्रभु खो चुके थे सौ बार,
कृष्ण की प्रेमासक्ति में डूबे
पा चुके थे कई बार राधा के
विरहाकुल विचार,
उप–पति की द्रुत गति में
गोपियों के मन को मथकर
जीवन का नवनीत–प्रेम
हाँ, वही प्रेम जिसे ब्रजबुलि में
लाल रंग की संज्ञा देकर
उनके अनुवर्तियों ने भारत में
धूम मचा दी थी सर्वत्र।

महाप्रभु इसमें भी कब डूबे?
वे तो दूसरी ही दुनिया के जीव थे
हरि तुम्हारी इच्छा पूरी हो.....हरि तुम्हारी इच्छा पूरी हो
कहते–कहते सागर की लहरों में घुस गये
लहरों ने उन्हें अपने में सिमेट लिया,
जो जिसका था उसमें समा गया
फैल गया 'अद्वैत' का सुवास चहुँ ओर
और सर्वस्व खोने वाले महाप्रभु
जीवन भर पालते रहे माँ को दिये वचन।

आज वही माँ,
माँ का वही अमर भाव
साईं से माँग रहा है पुट्टपर्थी का निवास
और निज भाषा का सम्मान,
इन दो छोरों को देख कर
एक बात कौंधती है बार–बार
इतिहास अपने को दुहराता है
एक से तथ्यों की झिलमिली में सौ बार
और मानव व्यवहार सत्यता की परिखा में
अवतार की संज्ञा धर वात्याचक्र की तरह
घुमड़ उठता है बगैर कहे बहु बार।
बाल साईं ने नत हो कर
अंगीकार कर लिये माँ के दो वाक्य
पूर गये माँ के तीनों पन
धन्य हुए उनके जीवन के सारे कोण
और बाल साईं तत्क्षण लौट पड़े

माँ के साथ अपने कहे जाने वाले
लोगों के बीच मृदु आस बाँधे
पूरे जनोद्धार की।
और अंजनीयुलु के उद्यान में
गूँजते रहे कीर्त्तन के स्वर रह–रह कर।

साईं–अवतार का यही उपक्रम है–
वे भक्तों के हैं, भक्त उनके हैं
भक्तों के हर काम में
साईं दौड़े आते हैं बे–भाव
और अपनी उपस्थिति बताते हैं
सांकेतिक भाषा के पहलुओं में,
भक्त भाषा की हर गहराई और भाव को
युग–युगों से पहचानते हैं,
प्रेम का यही आदान–प्रदान
साईं–भक्ति का मूलाधार है।

साईं बढ़ आये उर्वाकोंडा की गोलाई तज
बाहर जग में
पागल दुनिया डूबी
गुरु–चरण के पुण्य स्मरण में
भव–सागर तरने,
साईं–दर्शन में गुरु केवल एक है–
जो अन्धकार से प्रकाश में लाये
जो अज्ञान से ज्ञान की भाव भूमि पर उतारे
जो असत् से सत् की प्रतीति करावे

वही गुरु है,
वही चिर सखा है,
वही मित्र है,
वही बंधु है,
वही हमारे आकुल प्राणों का सर्वस्व है
और सब ओर से घेरती
इस माया नगरी में जो एक क्षण को
ऊपर ले जाय, मन की गति को,
चपल गति को उर्ध्वगामी कर दे
वही सद्गुरू है,
उसी का अजपा जाप
खोल देता है मन के बंध
और उसी में डूब जाते हैं
समर्पण के सारे भाव,
फिर न मालूम कहाँ से?
उगता है नया सूर्य
मोह रात्रि के अन्त में,
प्रभु–कृपा से मिल जाता है सुप्रभात
नया रंग देने, नया रंग भरने।
साईं पहुँचे पुट्टपर्थी अपनों के मध्य
नये माहौल को लेकर,
सुब्बमा, करणम,
ईश्वरम्मा, पेद्दा वेंकमा
और राजू परिवार के दूसरे घट
आगामी नाटक के तन्मयासक्ति में डूबे
केवल चरित्र थे

और सूत्रधार की उँगलियों में
डूबे थे जनता के भाग्याकाश के
सारे नक्षत्र विभूति की मसृणता में।

दावानल–सा फैल गया बाबा का महातम
घोर पाप चहुँ ओर जलकर
मुट्ठी भर राख की परिणति का रूप धर
पुण्यों को जन्म दे गये,
बाबा के प्रताप से हर जन ने
पुण्यों का संचित कर्म
पुण्य–फल के रूप में
भोगना सीखा और फिर से
कर्म की कठोर भूमि पर
जगत की प्रत्यक्ष भूमि पर
उतरना सीखा
और इसी में मिल गया जन–जन को
भोले भंडारी के वरद हस्त का
अनमोल खजाना,
पागल–सी जनता रात–दिन दौड़ी
पुट्टपर्थी की गहन वीथियों में
जंगल में मंगल हो गया
बाबा के संसर्ग से।
प्रश्न था एक अकेला
कहाँ बैठेंगे इतने जन?
कब तक देंगी सुब्बमा?
और ईश्वरम्मा दोनों करों से

भोजन का लघु प्रसाद,
यों बाबा लघु प्रसाद को
नारिकेल–जल से विराट में बदलते रहे
और भक्तों पर अमर प्रेम छिड़कते रहे
एक–सी गति से।
सबने मिलकर सुब्बमा के सामने
प्रागैतिहासिक प्रशान्ति निलियम की नींव रक्खी
और देखते–देखते युग की प्रचंड आँधी में
वह स्थान छोटा पड़ गया–
कोरा कपड़ा धुलकर सिकुड़ गया।
सब ओर नये की तलाश थी
नये की सम्भावना में लोगों को
आज तक याद हैं पुराने प्रशान्ति की
सुबह और शामें,
जब बाबा सहज सुलभ थे,
हर रोगी को टटोलते थे दुखते वर्म पर
हर साधक को पाते थे अपनी सहजता में
हर सुबह कोयल कूकती, सूरज उगता
पक्षियों का मधुर कलरव प्रशान्ति में दौड़ जाता
और सबके ऊपर गूँजता बाबा का मधुर हास्य,
रोते प्राण हँस उठते।

सब ओर फैली चट्टानों में
खुले आकाश के नीचे
प्रेम का सोता बहाने
दया और ममता का महानगर रचने

बाबा को पसन्द आया गाँव का
बाहरी, नितान्त एकाकी भाग,
यही नये प्रशान्ति का
गहरा विस्तार था।
प्रशान्ति का निर्माण
अपने आप में एक इतिहास है,
साधन विहीन गाँव में
आद्या शक्ति ने बंगाल की मायापुरी की तरह
रच डाले सारे स्वाँग,
खड़े हो गये पूजा के अपार अंबार
मन के मनोराज्य में,
विकच उठे आशा के फूल
गहरी नई पंखुड़ियों में।
नये भवन की निर्मिति में
तन, मन और अध्यात्म
आधार बने पूरे विकास की सहजता ले।
दूर–दूर तक अपनी जड़ों को
फैलाये बैठी थी
एक काली शिला यहाँ से वहाँ तक,
थक कर बैठ गये सारे जन एक ओर,
फिर पहुँचे बाबा के पास
अपनी अशक्तता की तसवीर लेकर,
बाबा ने निर्मल हास्य बिखेर कर
चट्टान को ममता से निहारा
अगले दिन बाबा की ममता पा
वह पुलक उठी सब ओर,

'लेन का देन' जग में
रीति बन कर वसुमती का
श्रृंगार करता ही रहा है,
सब और खोदी गई पूजा–भवन की नींव,
यों भवन की नींव
भक्तों के हृदय–फलक पर
उठ गई थी सब ओर
सघन आस्था–सी दमकती।

और लोहे के वे विपुल शहतीर
बन गये गहरी व्यथा की मूल,
त्रिचनापल्ली के पुलिन पर
पड़े थे ये शहतीर
कैसे आयेंगे ये शहतीर?
प्रशान्ति की चौहद्दी में,
बिछ गये तल में कर्दम सरीखे
भूधर जैसे धुँधवाते अनेक प्रश्न,
इनकी पृथुलता में रसातल को पहुँचेंगे
मार्ग के अनेक पुल,
गरीबों के झोंपड़े एक ही चपेट में
भूमिसात होकर रहेंगे,
कौन लायेगा इन्हें उस नागपल्ली की
अभ्र भेदी पर्वत मालाओं से?
गूँथे गये इस हेतु मन के मनन फूल
पर सभी आयोजन, महत् आयोजन
साईं–कृपा के बिना

रूपाकार से परे थे,
यही एक सत्य था
पूरा सत्य
जीवन और जगत की
लचीली लकीरों में।

कार्य की देख रेख करने वाले
इंजीनियर महोदय एक रात
सोये थे अपने निवास में,
अजीब–सी झंझा मथ रही थी उनका अंतस,
खुले नेत्र, जग पड़े, अजीब–सी हालत में
खड़ी थी क्रेन तुंगभद्रा और मद्रास के मग में।

मशीन बिना सुस्ताये कार्य करती है
उसके सारे पुर्जे आदमी की तरह
केवल अपने लिये कार्य न करके
एक जुट होकर सबके लिये कार्य करते हैं,
तभी न वे हड़ताल करते हैं,
न एक–दूसरे से झगड़ते हैं
न एक–दूसरे की सीमा में प्रवेश करते हैं
बस, कर्मरत गुँथे हैं एक–दूसरे की आपूर्ति में।
मशीन अनुशासन की कड़ी में बंधी
आदमी से अच्छी है,
पर यही मशीन जड़ हो जाती है
जब इसका कोई पुर्जा
चलने से मना कर देता है

सबके साथ असहयोग कर बैठता है
और उस हालत में मशीन
आदमी से बेहतर नहीं है,
इसी मशीन ने आदमी का चैन
आदमी का परम सुख
आदमी की शांति
आदमी की रोटी
छीनकर उसके हाथ में
चाँदी के छोटे–बड़े टुकड़े थमा दिये हैं,
हालत बहुत साफ है
आदमी ने आदमी से रोटी छीन ली है,
फिर वे गुर्राते हैं एक–दूसरे पर
और हिंस्र पशु से झपटते हैं,
नगरों में कुलबुलाती है
कीड़ों–सी
भरी जिन्दगी,
सर्वहारा वर्ग कब कीड़े से बेहतर है?
कीड़े तो बढ़ते हैं
साथ रहते हैं
और जगह देते हैं एक–दूसरे को
साथ, बहुत साथ रहने को,
पर आदमी
अकेला हो गया है,
आत्मा के खानों में रहते–रहते
न उसकी कोई गति है, न यति है,
बस बढ़ रहा है एक बेपनाह

अन्त की ओर केवल दम साधे।
क्रेन–चालक एंग्लो इंडियन
दम साधे बैठा था दूर पथरायी आँखो से देखता,
इंजीनियर बाहर आये
और पता करके बाबा के पास लौट आये,
बाबा ने हास्य–मुद्रा में अजनबीपन घोला
तो फिर क्या किया जाय?
इंजीनियर महोदय कह गये जल्दी में
अपने मन का चोर–एक अकेला स्वार्थ,
पर कभी–कभी जनहित की परिधि में
स्वार्थ भी पुण्य बन जाता है,
पुण्य का दूसरा नाम जन–कल्याण है।
इंजीनियर महोदय की योजना सरपट दौड़ी–
अगर क्रेन ठीक हो जाय तो लोह–शहतीरें
प्रशान्ति लायी जा सकेंगी,
वरना उनके लाने का विचार त्यागना होगा।
बाबा ने हास्य को और विश्लेषित किया–
मुझे मिस्त्री का काम आपने कब से
सौंप दिया है, बिना पूछे, बगैर बताये
और दूसरे ही क्षण त्वरा से घूम गये
बाबा के दैविक कर,
घूम गये अनेक संकल्प
घूम गये धरती–आकाश के चक्र
मन की संकल्प शक्ति के साथ
बाबा ने इंजीनियर महोदय को दी
केवल पावन विभूति,

इंजीनियर महोदय खो गये
अपने विचारों की सघनता में,
आदमी के लिये तो विभूति ठीक है,
पर यह लोहे के पुर्जे को भी जोड़ देगी?
इसका क्या असर होगा?
मन में जुड़ी थी कौतूहल की जमात
विज्ञान की परिधि से बाहर
अध्यात्म की परिखा में
उसका माहात्म्य तौलने–जानने
खिंच गये मन में
दूर किसी निभृत कोने में
अनेक प्रश्न,
पर वे लेकर पहुँचे
पावन विभूति
आकाश नापती क्रेन के पास।

चालक भारत की महानता के प्रति
नितान्त जिज्ञासु था, पर आज
चुटकी में विभूति देखकर
जरूर ही गहरे आश्चर्य में डूब गया,
क्रेन पर विभूति छिड़की गई
जय साईं राम, जय साईं राम के साथ
फिर थोड़ी सी विभूति छिड़की गई
और लगा दिया चालक को विभूति का टीका
देखते–देखते क्रेन गुर्रा उठी
उसकी घरघराहट से पृथ्वी काँप उठी

चालक महोदय का हाथ
छाती को चीरता क्रॉस बना उठा
इंजीनियर महोदय ताल–सुर में गुनगुना उठे–
अनाथ रक्षक साईं राम।
परम सुमंगल साईं राम।
और क्रेन बढ़ती गई–बढ़ती गई
और बढ़ती गई अपने गंतव्य की ओर
सारे शहतीर सिमेट लिये बलशाली
क्रेन ने अपनी बाँहों में
और चली, दौड़ी आश्रम की ओर
हर बाधा को लाँघती, थरथराती
दुर्धर्ष गति से लोगों को जोड़ती
वह भागी अपनी मंजिल की ओर
और पसर गई चित्रावती की लाल बालू पर,
चालक और इंजीनियर भागे बाबा के पास
और बाबा बैठ गये चालक के पास
बाबा की आज्ञा से क्रेन दौड़ी
दौड़ी .....और दौड़ी चित्रावती की रेती पर,
बाबा की आज्ञा से पत्थर तैर गये,
पानी से केवल पानी से पार करते गये
कार के चक्र मीलों के पुंज
और आज विभूति से बन गये
कल के पुर्जे परम सक्रिय,
बाबा ने निखालिस पत्थर को
बदल दिया है मिसरी की मिठास में
मन डूब जाता है अजीब–से

वात्याचक्र में,
बाबा की परम सन्निधि में
बाबा को तौलने में
सचमुच ही जगत के
सारे उपमान खो गये हैं
पहली बार उपमेय को
उपमेय में रखना ही ठीक है,
विज्ञान की सीमा से बाहर
केवल अध्यात्म के ऊँचे कगार
उन्नत आत्मा की पकड़ में आते हैं
और सब तो केवल अनुयायी हैं
उस महान आत्मा के जो उन्हें
हाथ पकड़कर सर्वात्मवाद की ओर ले जाती है।
उस महान आत्मा की अनेक संज्ञायें हैं
और वे अनेक नाम एक शक्ति के द्योतक हैं–
अनेकात्म में एकात्म की तलाश
हमारी महान साधना का सधा रूप है।

और कालान्तर में
बाबा की कृपा–कटाक्ष पा
रस्सी में बँधे भारी शहतीर
भजन–कीर्तन की मधुर स्वर लहरी में
तिनकों–से ऊपर उठते
और ऊपर उठते गये,
प्रतीत होता था नीचे से
कोई अदृश्य शक्ति हाथ लगा कर

अमित सहारा दे रही है,
श्रम–परिहारक गीत
मन को उल्लसित करके
कार्य को गति दे रहे थे,
और बाबा की उपस्थिति
युग–युगों से कठोर कर्म की
प्रोद्भासक है।

एक दिन बाबा
शिष्यों के साथ बैठे थे
चित्रावती के खुले तट पर,
शिष्यों के साथ प्रश्नोत्तरों में,
उछल रहे थे अनेक प्रसंग;
बाबा के साथ बैठने वालों को
हर समय उन ऋषियों का
पुण्य स्मरण आता रहता है,
जो उपनिषद काल में
आत्मा–परमात्मा के
गहन चिन्तन में
वायु, अग्नि, सोम, सूर्य
और जल तत्त्व के
पृथक्–पृथक् आश्रम बनाकर
चिन्तन की गहन परम्परा को
जन्म देकर अध्यात्म चिन्तन को
शीर्ष बिन्दु पर उपस्थापित कर चुके थे।
यंत्र युग में बाबा वैदिक दर्शन के प्रसार में रत

अकथनीय कार्य कर रहे हैं
और उनके व्याख्यानों में
जीवन की सहज गति के
समुच्छ्वसित उदाहरण
उनकी बात को सीधे हृदय में उतार देते हैं।
उस दिन एक शिष्य ने
महात्मा बुद्ध की साधना पर
जटिल प्रश्न किया–
बुद्ध ने वट वृक्ष को ही
अपनी साधना का श्रेष्ठ उपकरण क्यों माना?
उस वट वृक्ष के नीचे
तमाशक्ति का प्रेरक यन्त्र था
और बुद्ध उसी की ओर सहजगति से
आकृष्ट हुए थे,
बाबा ने बालुका से प्रेरक यन्त्र निर्मित कर
उसे स्थापित किया
प्रशान्ति के साधना–खंड में,
जहाँ ध्यान सिखाया नहीं जाता
मन खुद उसमें रम जाता है,
जहाँ सत्, रज और तम के प्रखंडों में
मनोनुकूल साधना का स्थल चुन कर
नेत्र बंद हो जाते हैं,
मन नेत्रों में कृपण के धन–सा
पलक–कपाट लगवा देता है
और भक्त कृपण–सा
अपने साफल्य का ढिंढोरा

न पीटकर उसे आत्मा की पर्तों में
छिपा लेता है,
ढिंढोरा पीटने पर
गुप्त दान, गुप्त भक्ति
और गुप्त प्रेम सब के लिये
उजागर हो जाते हैं
और उजागर प्रेम बतकही कहाता है।
बाबा का प्रेम,
भक्तों के लिये उनका छलकता प्रेम
उस हिरण्यमय पात्र–सा है,
जो रूप–रंग में नेत्रों को आकृष्ट कर
भक्तों को अपने में समाविष्ट
अमृत रस का पान करने को
प्रोत्साहित करता है।
बाबा के भक्त सर्वत्र कहते हैं
बाबा जो ऊपर से हैं–
एक दम कठोर, अनुशासित,
वे अन्दर से बहुत कोमल हैं
निरे कोमल– बादाम की गिरी से,
ऊपर का अनुशासन
दूसरों को सिखाता है
साम, दाम, दण्ड के अदृश्य भेद,

जो समाज में अच्छे–बुरे की
व्यावर्तक रेखा बनकर
हमारे कर्मों को
पुण्यों को
नियन्त्रित करता है
और हमें गहरे विनाश से बचाता है,
साईं के भक्त युग–युगों से
कीर्त्तन की मधुर स्वर–लहरी में
आज भी अबाध गति से गाये जा रहे हैं–
सद्गुरु नाथा साईं नाथा।
गौरी शंकर साईं नाथा॥
भव भय हरणा साईं नाथा।
आनन्द रमणा साईं नाथा॥
अनाथ रक्षक साईं नाथा।
विघ्न विनाशक साईं नाथा॥

•••

नवाँ सर्ग

'एक और विश्व का प्रशान्ति निलियम'

विश्व के आँगन में
एक और प्रशान्ति निलियम
बन गया है,
जिसकी न कोई दीवार है,
न कोई स्तूप है,
न कोई मुख्य द्वार है,
बल्कि बनते गये हैं
जिसके चारों ओर भावना के,
हाँ, विशुद्ध भावना के
स्वच्छ, धवल मन्दिर
पूजा–घर, हर तरह के पूजालय
और खिंच गई हैं उनके चारों तरफ
प्रेम और भाईचारे की
अजीब–सी दीवारें।

विश्व का सुदूर दक्षिण
चाहे सिंगापुर हो,

चाहे यूरोप का अंत इंग्लैंड,
चाहे धनाढ्य अमरीका हो
या लैटिन अमरीकी गयाना, चिली
और सागर की अपार छाती में
सोये जमेका और ट्रिनिडाड हों–
सबमें एक निराला प्रशान्ति निलियम
खुद–बखुद बन गया है,
जिसकी चौहद्दी
एक इंसान से
दूसरे इंसान तक जाती है,
हाथों पर उठा ली हैं
जिसकी अमोल दीवारें
सबने मिलकर एक साथ
ऊँचे आकाश तक
और सो गये हैं प्रेम में
साईं की थपकी पाकर
गुर्राते मन के अनेक भाव।
इन इंसानों ने समाज गत
माथे पर लगे अनेक लेबल
खुद हटाये हैं
और अब न वे एक–दूसरे को
हिन्दू, मुसलमान और ईसाई
कहते हैं, प्रत्युत साईं भक्त कहकर
एक–दूसरे को गले लगाते हैं,
प्यार से अपने–अपने यहाँ

पूजा और कीर्तन में
न्यौता देते हैं
और प्रसादी पाकर
''त्वमेव माता च पिता त्वमेव'' की
बलवती चाह लेकर
अगले मिलन की तैयारी करते हैं।
अलग दल
अलग विचार
अलग मत
अलग धर्म
अलग रहन–सहन
यहाँ आकर सब एक हो गये हैं–
अनेक नदियाँ सागर में खो गई हैं।
और सागर ने उदारता में
हमेशा की तरह उन्हें, अरे एक–एक को
अपनी बाँहों में सिमेट लिया है।
सागर को चाहे जन्म–दाता कहो
चाहे सरिता का प्रेमी कहो
उसने कब अन्तर माना है?
हर समय नदी को
अपनी छाती में
एक दम छाती में सिमेट लिया है।
अद्वैत की परिभाषा में
'विराट' सुख–दुख का साथी विराट
पिता, माता, बंधु सब कुछ कहाता है

और सबको अलग–अलग भाव में
एक–सा मिलता है,
उसके लिये हर देश और हर काल में
केवल एक ही पैमाना है
और वह एकाकी मौज और मस्ती में
विचरता–सा, हम सबकी भावना में
बँधता आया है–
जाकी रही भावना जैसी।
प्रभु मूरत देखी तिन तैसी॥
यह पैमाना अब और लचीला
पड़ गया है,
सब ओर फैली है
एक धुंध उठाती अराजकता,
एक शोर मचाती
अतृप्ति,
सब कुछ 'लील' जाने वाली
स्वार्थ की गहरी आँधी,
ऐसे में साईं ने खोल दिये हैं
अपने उन्मुक्त द्वार,
पुकार–पुकार कर यही कहा है–
खाली हाथ आओ,
तभी तो हाथ भर कर ले जा सकोगे,
अरे, पगलो। पिता के घर तो
शास्त्रों में भी खाली हाथ
आने का अकेला विधान है।

और उस साईं को
शिव की प्रतिमूर्ति साईं को
भाते हैं दुनिया भर के लूले-लँगड़े,
गूँगे-बहरे, हर तरह के अपाहिज,
उनसे साईं को गहरी ममता है,
समस्या मूलक बच्चे भी
साईं के पास कम नहीं हैं,
उनकी समस्या हर समय
साईं की समस्या बन कर
छोटी पड़ गई है और उससे
बाहर निकला है एक समूचा
दमदमाता व्यक्तित्व-
साईं के प्यार में ढला,
साईं के प्यार में गढ़ा।
साईं की ममता में गले
अनेक व्यक्तित्व
अब साईं के पास से
उठना नहीं चाहते हैं-
वे साईं जो बन गये हैं,
भक्त की उच्चतम साधना
आराध्य की देहलीज़ पर खत्म होती है।
और वहीं से
अगले पग से
आरम्भ होते हैं आराध्य से सैना-बैना।
साईं के द्वार पर सुबकते

नर–नारी बहुत–सा
परम सुख पाते हैं?
इसे वे जाने या बाबा जानें,
पर मैं इतना जानता हूँ
बगैर गूँगा बने उसे
कोई नहीं जान सका है,
विनिर्मुक्त की स्थिति
गूँगेपन का ही दूसरा नाम है,
साईं को पाने के बाद
खुद की और दुनिया की हस्ती
मिट जाती है–रह जाती है
एक अजीब–सी झिलमिली,
जिसमें डूब जाते हैं
भक्त के रात–दिन,
सुबह–शाम,
सुख–दुख,
और सारे आयाम।
कौन लौटा है चरम की स्थिति से आज तक?
प्रेम की महिमा महान है,
समर्पण युग–युगों से महिमावान रहा है,
वहाँ चुक जाते हैं
तपस्या के सारे कोण,
वहाँ बुझ जाते हैं शोले से दहकते
अहं के सारे भाव,
जिसका बोझ ढोते रहे अनेक तपस्वी

परम एकाकी,
पर जिस दिन थोड़ा–सा उतरकर
उन्होंने 'समर्पण' का मंत्र जाना
मिल गये परमाराध्य के नुकीले भाव,
कट गये तमसा के तीखे भाव,
रह गई ऋजुता–समा गये त्रिभंगी
यही भक्त का लेन–देन है
और इसे अकथ्य ही रहने दो।

इन भक्तों में जहाँ–तहाँ
ट्रिनिडाड की धरती पर
बैठी हैं डोनावा, ओका
सामने झूमते–गाते
चाहिलो, मथुरा, ताजमूल
और ताल रव करते
लाला, रॉल्फ और धनराजी,
ये भक्त कर्म से बँटे हैं,
अनेक धाराओं में,
पर भाव से बँधे हैं
केवल एक सूत्र में
और उसका सूत्रधार
पुट्टपर्थी में बैठा
सबको कर्मरत रखता है।
चाहिलो मिरगी के दौरे से ग्रस्त,
जब जीवन से निराश हो गये,

‘हार्डवेयर’ किंग कहाते
जब जीवन की छोटी–सी कील न उठा सके,
तब दौड़े आये पिता के पास
विश्व के सुदूर देश ट्रिनिडाड से,
घर में मोटर गाड़ियों का अम्बार लगा था,
पर वे कोरोला, क्राउन, डेटसन किसी भी मोटर को
छूने में, मौत की तरह विचारते
जीवन को बंदी बना चुके थे
अपने ही विचारों से।
पति–पत्नी बाबा के आश्रम में
बैठे रहे रात–दिन,
धूल में सने तपती बालू में बैठे
गिनते रहे जीवन के कगार,
निकट और निकट आता गया
निराशा का अभ्रभेदी तुंग,
फैलती गई निराशा, दिशा भेदी कालिमा
इस ओर, उस ओर, सब ओर।
बड़े अंतराल के बाद लौटे वे खाली हाथ,
मूर्छा के क्रम में जुड़ गया
एक और अध्याय
मोटर चलाते खो बैठे
वे चेतना के सारे क्रम
और मोटर ढलान की ओर सरकती
एक पेड़ से टिकी अगले आदेश तक
रुकी रही, और वे जब अपने में लौटे

बाबा धीरे से कान में कह गये–
यह मैं हूँ।
तत्क्षण पलट गया जीवन–क्रम
बन गया दूर देश में साईं–मन्दिर
खिंच आये नर–नारी इधर–उधर से
करतालों की बँधती लय में
गूँज उठा साईं–संकीर्तन
दूर देश में, दूर नगर में।
पति–पत्नी दोनों ने साधे
पूजा के सारे क्रम,
अब नहीं रहे थे रुग्ण चाहिलो,
बाबा के अन्तर्मन में
डूब गये थे आठों याम,
मंदिर बुहारते, मंच सजाते
बीत गये वर्षों की चरखी पर
रात–दिनों के अगणित मनके
और उधर बाबा के फल से
उन दोनों के प्राण–कोश को
हर संध्या की गहरी लाली
हर पूषा का दिपता रूप
धोता रहा सभी रूपों में
इस काया में तार–तार को।

इस कोने में खिंच कर आये
हर कोने के भक्त प्रमादी
प्रशान्ति निलियम की चौहद्दी

उमग उठी माराबैला तक
और इन्हीं की मंथर गति में
रिओक्लारो, शगुआना के निर्जन कोने
पूर गये बेमौन अनिल से
धन तालों के बीच लरजती
जै साईं राम, जै साईं राम की
प्रेम भरी तन्द्रिल लहरी में।
और इन्हीं के सीधे सपाट
नपे–तुले–बिखरे पृष्ठों में
लिखा गया साईं प्रसार का
पूरा पुराण भरी ममता से,
इस कोने से, उस कोने से
गूँज उठे कोने–कोने से
एक तरह के बहुतेरे अनचीन्हे स्वर–
साईं बाबा ईश्वर हैं,
तो क्यों आती है बाढ़?
क्यों होती है अति वृष्टि?
क्यों मरते हैं लोग?
उनकी प्यारी मातृभूमि में,
और चाहिलो अनुत्तर थे
अक्षम थे ऐसे परम्परागत
सन्देह में बुझे नुकीले
सभी प्रश्नों का उत्तर देने में,
अतः मध्यान्तर में
विज्ञ जनों के भाषण
या

बाबा के वचन सुमनों को
पढ़कर सुनाने की नींव
उन्होंने गहरी आस्था से डाली
और इस बार वे सफल हुए;
अनेक वायुयान गरज उठे
पिआरको और पालम के बीच
बाबा के सतत् दर्शनों को।
इन भक्तों ने पढ़ा था
अनेक बार बाबा का साहित्य
सुना था अनेक बार
विज्ञ जनों से बाबा का दर्शन
और अब प्रतीति करने लगे थे-
हर महान आत्मा
अपने चित्त, इन्द्रिय, नाड़ी चक्र
और दुर्धर्ष वेग से दौड़ने वाले
परम मन को वश में करके
जब परम शक्ति में लीन होती है,
तब सारी सिद्धियाँ चेरी बनी
हाथ जोड़े उस परम पुरूष की
वशवर्तिनी हो जाती हैं
और वह देश-काल की सीमायें
लाँघकर अपने मानवेतर कार्यों से
जगत को चमत्कृत करता है,
मानव की सीमायें जहाँ समाप्त होती हैं
परम योगी की सीमा वहाँ से प्रारम्भ होती है;

और वह अपने लीला–भाव में
अल्प को महान, अलभ्य को लभ्य
दूर को निकट, भूत को वर्तमान
मृत को अ–मृत, रोगी को रोग मुक्त
प्रकट कर सकता है।
जन–जीवन के तार–तार को
बुनने वाला यह ऐन्द्रजालिक
राजसी और तामसी जादू से ऊपर
प्रकृति में गहन विश्वास रखता है
और अपनी संकल्प शक्ति के सहारे
आपको वह देता है,
जो प्रारब्ध में लिखा है।
कर्म–फल की महिमा वह हर पग पर
स्वीकारता है,
तभी तो बाबा सहज भाव में
हर रोगी को चंगा करके
मंद हास कर उठते हैं,
ऐसे लगता है कर्म–फलों की
मधुर प्राप्ति पर तोहफा देकर
बाबा बहुत दूर तक
बहुत परे से शुभ संदेशों की
मधुर वृष्टि करते हैं।

ईसा ने युग–युग पहले
मुक्त भाव से स्वीकारा था–
संकल्पित योगी परम पुरुष का

सहज अंग है,
ऐसा अवतारी
मेरे जैसा सब कुछ
जब चाहे तब कर सकता है।
ब्लावत्सकी ने पश्चिम को
आत्मा की परिखा दूनी करके
संकल्पों के अमोघ अस्त्र से
तमसा के पाशों को ढीला करके
भौतिक जग की सारी वल्गा
परम सारथी की ममता में
अपने हाथ चढ़ाकर बड़ी त्वरा से
खूब डूबोया
बहुत डूबोया
चमत्कार के लाल रंग में।

पर इन सबसे ऊपर
ट्रिनिडाड के भारत वंशी
पूरे भोले भारत वंशी
युग–युग से स्वीकार रहे हैं–
केवल अपनी थाती,
जिसकी जड़ें
बहुत गहरे तक
भारत की मिट्टी में आई हैं।
परोपकार ही जन–जीवन है,
सारी बसुधा अपना घर है,

पर–दुख कातर इन लोगों ने
चमत्कार से हर पल बढ़कर
बाबा के कल्याण–कार्य को
पूरे मन से यहाँ–वहाँ
हर पल चाहा है।
नर–सेवा नारायण–सेवा
बाबा का यह मूल मंत्र
इनका नैत्यिक जीवन बनकर
पश्चिम की भौतिक दुनिया को
परहित का आमन्त्रण देता
आध्यात्मिकों की गहरी दुनिया में
एक नया अध्याय जोड़ता।

इन्हीं परम भक्तों में बैनी
पत्नी की रोगी काया को
चार दुधमुहों की बैसाखी पर टेक
निलियम के प्रांगण पहुँचा,
उसे देख बाबा भी
परम विरागी बाबा भी
विह्वल होकर बोल उठे थे–
यों रोग ग्रस्त काया
रोग मुक्त हो सकती है,
पर इस आर्या के
कर्म–फलों में शेष नहीं है कोई पुण्य,
इसको जाना होगा

और तुम पश्चिमवासी बहुतेरों की भाँति
पुनर्विवाह के बँधन में नहीं बँधोगे।
ट्रिनिडाड जात अमरीका वासी
बैनी बुरी तरह बिलख उठा,
बिखर गये सारे भाव
कुचल गये सारे अरमान
और भविष्य के अंदाज,
रह गया फूत्कार करता एक भाव,
एक पछतावा–
मैं अपनों से दूर
यहाँ क्यों आया?
जहाँ न कोई अपना है
और न गंतव्य तक
कोई अपनी–सी कहने वाला है।
एक मास बाद
कराह भरी आवाज में
बैनी के साथ खड़े थे
चार बालक चार पायों पर
और बैनी–खो गये उसके सारे आयाम,
जिन्दगी सिमिट गई
पत्नी के आधे टूटे–फूटे शब्दों में,
देखते–देखते कँपती–लौ सी
शमा बुझ गई
बड़ी त्वरा के साथ,
एक गहरी कौंध

अँधियारे के लम्बे हाथ लेकर
उसे घेर कर बैठ गई।
वह कितना निरीह था,
एक दम निरीह खोये बालक–सा,
जो अपने बालकों के बीच
खोने पर, अपने को खोने पर
रो भी नहीं सकता था,
घुटनों के बीच
सुबकते मुख में
पा कर प्यार भरी ममता की
गहरी थपकी,
देखा उसने पुट्टपर्थी वासी को
बहुत बड़े अचरज में भरकर।
उठो, वत्स!
करना है इस मिट्टी का
अंतिम संस्कार,
पहले वह सब कर लो
जो देश–काल के आवरण में
तुम्हारे यहाँ होता आया है,
बाद में प्रशान्ति निलियम की यह बेटी
वैदिक रीति से विदा होगी
और बैनी युगों की धूल पोंछता
कहता है बड़े गर्व से
बड़े चाव से–
बाबा के प्यार की अमर गाथा।

महिला भक्तिनों ने मिलकर
शव को स्नान कराया
सजाया–सँवारा वस्त्राभूषणों से,
चन्दन, अक्षत, घृत सबका खर्चा
उठा लिया बाबा ने यह कह–
मेरी बेटी मेरे घर से विदा हो रही है
इसका आयोजन मेरा होगा,
केवल मेरा होगा।
और फिर तेरहवीं के दिन
भंडारे के खर्च में
सब कुछ चुका कर
बाबा ने कहीं गहरे डूबकर
कहे दो बोल–
मेरा मुझ में समा गया,
वह जहाँ है प्रसन्न है,
तुम करो पूरी
अपनी कहानी अधूरी।
और बैनी झुक आया
बाबा के चरणों में,
मिले उसे जीवन के तीनों पन
परम अभय के चरणों में।
मैंने बैनी से पूछा है–
गृहस्थाश्रम में यह कैसा वानप्रस्थ है?
वह हँसकर कहता है
बाबा जानें।

फिर गूँजी है बाबा की
परमेश्वर की मीठी वाणी–
एक समय आता है
जब पिता पुत्र में ढलकर
सौ बार जन्म लेता है,
उसका अपना खो जाता है,
कर्म बिंधा जीता है
केवल अपनी संतानों में;
यही कर्म है, यही धर्म है
बाकी बची–खुची साँसों का,
भोगों के रजत शिखरों पर बैठा
भूखा मानव कब समझा है
अपनी तनया का जीवन–क्रम?
आदर्श रहित व्यवहार भोग में
कब दे पायी सौतेली माँ
असली माँ के से दो पल,
फिर क्या सुख है
इधर–उधर टूटी–फूटी संतानों का
अंबार लगा कर।
सारा पश्चिम झुलस रहा है
लावारिस बच्चों के तीखे बैनों से,
यह बैनी आदर्श बनेगा
उन सबको,
जो अन्य अनेक विवाहों को रच–रच कर
अपने कंधों पर

अपनी लाशें ढोकर
सब कुछ हार, विलासों की दुनिया में
मौत बने हर दम जीते हैं।

बैनी ने बेच दिया
मध्य ट्रिनिडाड में एक अकेला अपना घर,
त्याग दिये नौकरी के आयाम,
और अमरीकी नागरिकता के सारे आयाम,
जोड़ लिया प्रशान्ति निलियम से
अमरता का नाता,
चल पड़ी गाड़ी
बाबा के संकेत पर
एक नये अंदाज में;
ईश्वरम्मा स्कूल की छत के नीचे
बालक बने वेदाभ्यासी
और खुद बना योगाभ्यासी,
आज यही योगी
बाबा का परम अनुचर
बाबा के चरणों में सब कुछ पा चुका है,
अपना खोकर
अपना पा सका है नई भूमिका में।
दोनों बेटियाँ बाबा के आदेश से
विवाह की वेदी पर पिता को उऋण कर गई हैं
और दासानुदास प्रशान्ति निलियम की देहलीज़ पर आकर
ठिठक गया है परम यात्रा के पथिक–सा
और प्रशान्ति निलियम की चौहद्दी

कहीं खो गई हैं संसार को अपने में समाकर,
गहरा भरोसा मिल गया है प्रशान्ति की गहरी शान्ति में।

हमको इससे अधिक और क्या चाहिये।
जब चारों ओर मत्सर, डाह, क्रोध के बगूले
अपने साथ प्रेम, धैर्य,
शान्ति के सारे आयामों को
उड़ा ले जा रहे हैं और रह गये हैं
सब ओर फुफकारते दम्भ के भारी अजगर;
जब भाई भाई की हत्या करता है,
राक्षस अबला के साथ बलात्कार करता है,
चाँदी के रूपसी गोल–मटोल सिक्कों के लिये
परम पापी सोये सुकुमार शिशुओं को मौत के घाट
उतार देता है, और मंदिर की घंटी बँधाकर
परम भक्तों में नाम लिखा लेता है,
उस समय हे करुणा निधान!
आपकी करुणा पर शंका होने लगती है,
लगता है यह जीवन का पसारा
और कब तक चलेगा?
टूटी धारा का यह क्रम और कब तक
अबाध रिसेगा?
हे पुण्यात्मा! इस जीवन की थाती को
बगैर ब्याज लौटा लो,
जीवन के ढहते कगारों में अब और अधिक
अपने विश्वास का पारद मत भरो,
हम कब तक आपके भारी विश्वास का बोझ

ढोते रहेंगे, मन से अपनी माया का मोटा जाल
हे त्रिलोकी! बेझिझक उठा लो,
कमर टूट गई है इसके ऊल-जलूल तारों में,
मन का मोती दरक गया है
पापी शुक की निर्मोहिता में,
चाहिलो और बैनी प्रशान्ति के प्रांगण में बैठे
नया रंग भरते अपने उत्साह की अमरता में
संकल्प की बैसाखियों पर
मन की उत्साह भरी थूनियों पर
बाबा के प्रेम का चँदोवा यहाँ-वहाँ
दुनिया भर के सारे कोनों में
टाँग देते हैं
और अभावों के बीच कराहती दुनिया को
एक नये प्रशान्ति निलियम की चौहद्दी
आशा की मुट्ठी भर 'उजास' फैंक देती है,
पागल-सी जनता बार-बार गा उठती है सब ओर-
साईं नाथ सबन के रक्षक निज भक्तन के।
हे भय भंजन, हे सुख कारक।
दीन जनों के हे! प्रति पालक॥

•••

दसवाँ सर्ग

''प्रेमावतार साईं नाथ''

वेदों में घोर आंगिरस के शिष्य
ईसा पूर्व आभीरों के बाल देवता बनकर
पूजा के अनेक स्तर
श्रृद्धा के उठते–गिरते रंग
बाल देवी के साथ केलि के नये आयाम
लोकगीतों की फैलती तराजू के साथ
काल के अमिट थड़े पर बैठकर
तौल चुके थे अनेक बार
महाभारत के लोक नायक कृष्ण का विरल रूप;
उस रूप में
आग और धुंआ की तरह
समाहित थे भक्ति की चौखट पर खड़े
उरमाल पहने पीताम्बर धारी
माखन चोर लोकगीतों की चहुँ ओर फैली
बंदनवार के बीचों बीच
और इससे भी आगे
चीरहरण और महारास के प्रसंगों में
एक–दूसरे से आगे बढ़ निकलने की

धकापेल मची थी सब ओर,
पर ये सभी आयोजन फीके थे
बगैर यशोदा की माखन–मिसरी के,
काल इस बात की साक्षी हमेशा देगा
और चहुँ ओर उद्घोषणा करेगा–
कृष्ण ने अपने भोलेपन में
तुतलाहट की भंगिमा से लेकर
मदमाते अल्हड़ यौवन की पैछड़ तक
माँ को बहुत सहा है,
और वही 'माँ' जब 'धाय' बन बैठी
उस दिन कन्हैया मथुरा के ऊँचे चौबारों पर
बेसहारा होकर कितना टूटा होगा
इसकी नाप–जोख प्रेम पगी
पाताल भेदी भक्ति की गहरी
संवेदनाओं में की जा सकती है,
तभी आया दूत, जो न आया था गोपियों के
संदेसों की उसासों में,
भले ही दो 'सावन' आकर रीत गये
और जमुना–जल फैल गया आँसू–सा
चहुँ ओर काजल की कालिमा पोंछता,
हम दोनों वीर आयेंगे अति शीघ्र,
पर बुरा माना है केवल एक बात का
तू! ने जो अपने को 'धाय' कहलाया है।
माँ! तेरा ताता जल और दूसरी ओर
माखन–मिसरी का कटोरा,
बाल गुहना, अँकवार में भरना,

बालों में छिपाकर माथे पर
काजल का टीका और चौबारे तक
जाने में दूध के ऊपर राख की फंकी–
ये सब अनमोल उपक्रम हैं,
इनके आगे झुकते रहेंगे आदमी के
तीनों पन हर युग में एक–से।

और कृष्ण में समा गये
द्वारिका के ललौंहे कर्म पथ पर
देवकी और यशोदा के सारे शुभाशिष,
कालयवन 'लील' गया उनके भरे पूरे भविष्य को,
ठहर गया काल के माथे पर एक चिन्तन
जो बार–बार उभरा दुनिया के कर्ण को मारने
और पार्थ को सहयोग देने रणांगन में,
इस भाव में चुक गये वत्सल और ममता के
मरमराते सारे पात,
रह गया एक ठूँठ अकेला अपने को निहारता
धुँधवाते बियावान में सब ओर अपने को टटोलता,
नीति विशारद भी कभी लौटा है अपने गेह,
खो जाती है उसके घर की हद दूसरों के घर में
और वह बैठ जाता है किसी और की चौखट पर
पतले गहरे क्षणों में सहयोग के हाशिये में,
द्वापर के अंतिम चरण में,
आखेटक से पाकर जीवन का समूचा मर्म
कृष्ण की आँखों में घूम गये
हंस सुता के कगार और कुंजों के वृक्ष,

जीवन का उपसंहार बन पसर गया माँ का प्यार
और जननी का अहेतुक चाव–
द्वापर से आज तक कृष्ण का इतिहास
माँ की ममता का समूचा इतिहास है।

राजनीति को काटने–छाँटने की ममता
कहीं काट गई
उनके जीवन को बहुत गहरे से,
माथे की सिकुड़ती रेखाओं में
रह गया रूक्म की बेटी का भविष्य
और ध्यान–पट से छिटक गईं यशोदा,
राधा और माखनचोर की भूमिका रचाने वाले
सारे चरित्र, सारे इतिहास।

जीवन यही है–हम सब इसे जीते हैं,
पग भर आगे बढ़ते हैं,
रोज बढ़ते जाते हैं एक निश्चित टीले की ओर
पीछे सब कुछ छूटता जाता है,
जो हमारा है, जिससे हमें लगाव है,
जिसके साथ बिताये हैं हमने सात पल
वह सब राह खड़े बिरवा–सा हमसे
छूटता जाता है और हम
घूमकर भी नहीं देखते उस सबको,
केवल डर है हम बिखर न जायँ
दूसरों की नजर में,
हर आदमी लीक पर पड़कर

यही पैबंद लगी चादर ओढ़ता आया है
और दूसरों को जो अपनों के बीच
खड़े बतिया रहे हैं उन्हें
बार–बार हाथ का झोला देकर
अपने पीछे चलने को बुला रहा है,
क्यों?
यही जीवन की नियति है,
यही जीवन का पसारा है,
यही जीवन की मंजिल है,
यही जीवन का क्रम है
और कृष्ण भूल गये
इसे दुहराने में प्रेम के सारे आलंबन,
मरीचिका–सा जीवन छलता रहा
उनको रह–रह कर,
एक बार गोकुल क्या छोड़ा
सब कुछ भुला गया कुरुक्षेत्र के
सरपट दौड़ते रथ–चक्रों में,
ध्यान में रह गईं एक–सी घूमती
चक्र की अरियाएँ और पार्थ की भक्ति,
कुरुक्षेत्र के बाद जीवन के अंतिम चरण में
सूर्य ग्रहण के दिन राधा और यशोदा के
अंतिम दर्शन, बस जीवन का हाहाकार था,
जिसे कृष्ण जीवन भर शांत न कर सके
और वही उनके समक्ष आँधी–सा फैलता गया,
माँ के प्रति उनका कर्त्तव्य उन्हें तोड़ गया
बीच से–रह गया ठूँठ द्वारिका लौटने को,

चारों ओर गूँज गया अरण्य रोदन–सा,
इस ओर, सब ओर, चहुँ ओर
कृष्ण का अन्तर्कृन्दन।
अब न राधा थी
न गोपियाँ थीं
न लाड़ लड़ाने वाली माता थी,
अब बचे थे केवल कृष्ण,
उन्हें साबुत कहना
और कुछ नहीं
बड़ों को बड़ा कहना जैसा होगा,
भरभराकर टूट पड़े बड़प्पन के सारे अंबार,
आदमी की पहचान परहित में
साँप की लकीरों–सी टेढ़ी हो गई है।
कृष्ण से सीख पाकर
अपनों को त्यागने की भूल
न तो चैतन्य ने की और न साईं बाबा ने,
दोनों रहे अपनों के बीच जीवन भर
विकार के रहते अपने को साधना
जीवन की सबसे बड़ी तपस्या है,
जिसमें रह कर साधक अपने बीच से
दूसरों को पाता है और फिर अपने में लौट आता है,
यही निर्माण का दुहरा क्रम है;
अपने को खोना तपस्या हो सकती है,
पर साधना कभी नहीं–
साधना का सीधा अर्थ है

अपने को किसी में खोना
और फिर पाना और फिर बार–बार खोना।
वही सच्चा साधक है,
जो बार–बार मोती की तलाश में
गहरे पानी पैठता है
और निराशा की परतें तराश
मन का मोती पा लेता है–
एक दम बसरे का सच्चा मोती।
हम फिर से कृष्ण और साईं बाबा
की साधना में अन्तर जान लें–
अपनों से अलग अपनों की तलाश
अपनों को खोना है,
अपनों के बीच अपनों की तलाश
दूसरों का अपना होना है।
साईं बाबा से अधिक
सुब्बमा को कौन अपना कहेगा?
यशोदा की तरह वह माँ
साईं को पालती रही बड़े यत्न से,
बड़भागी थी वह माँ
अपनत्व में बँधकर देने वाले को दिया,
तारनहार का ध्यान किया,
कितने अपने होते हैं हम वहाँ
जहाँ अतिथि खुद आतिथेय बन जाय,
जो खिला रहा है उसे खिलाने लगें–
अपनत्व का भाव ही कुछ ऐसा है।

सुब्बमा ने लाड़–चाव में
बाबा को यशोदा की तरह पाया है,
संतान विहीन माँ को
बाबा ने उनकी अकेली संतान बन कर
परम गति दी–ऐसी गति
जो मुनीश्वरों को भी जटिल है।
कृष्णावतार की भूल
इस युग में साईं अवतार ने
बड़ी सहजता के साथ सुधार ली–
सुबह का भूला शाम को घर पहुँच गया।
जटिल रातों में
बाल साईं प्यार से
सुब्बमा के पास सोये हैं
और माँ ने कहानी की ममता में
साईं की हर रात अपने पास
बंधक रख ली है,
नजर उतारने से लेकर माँ ने
विष वमन तक उनका साथ दिया है।
बाबा बड़ी दूर से लौटे हैं,
सुब्बमा कई दिन से
कृशकाय सेज पर लेटी
हर आहट पर आँख खोल देती हैं,
लोगों ने दो बार उन्हें
जमीन पर लिया और.....
और त्वरा के साथ फिर सेज पर ले लिया।
लोगों ने बाबा को कहा,

बाबा ने सुना और चुप रहे
कहीं दूर टटोलते से?
जब हद हो गई, तब कहीं
भनक पड़ी भोले भंडारी को
माँ के आँचल में लौटने की –
माँ, लो मैं आ गया,
कभी तुमने ही तो कहा था
तुम्हारे अंतिम समय में
मैं तुम्हारे पास रहूँ ,
अब, आँखें खोलो माँ।
तुम्हारे पास तुम्हारा साईं
खड़ा है विनीत भाव से,
दो पल गुजर गये
मौन, अर्थहीन, शब्द से भारी
साईं को लगा कहीं हो गई
भारी भूल अनजाने में ही,
जैसे करोड़पति अगले ही क्षण
कंगाल बन जाय गलियों में रहने
आकाश निहारती अट्टालिका छोड़कर,
वैसा ही भाव आया, गया साईं के
शांत, गम्भीर आनन पर,
पर साईं ने जीवन की अस्थिरता से
कभी किसी धरातल पर
कोई समझौता नहीं किया है,
अगले ही क्षण सुब्बमा ने
खोल दिये भारी थके नेत्र

सुतरां काल के दो लमहे गुजर गये
बाबा के पैर टटोलते इधर–उधर,
सब ओर गोल गोलाई में
और दीनानाथ ने मन का भाव जान
खुद ही कर दिये अपने पैर माँ के पास,
जगत की परिभाषित माँ
अध्यात्म की सीमा में पहुँच
आत्मा की तरह परमात्मा को भेंट रही थी,
माँ–बेटे का जागतिक बंधन
जीवन के मोड़ पर दूसरी ओर मुड़ गया था।

साईं अपने भक्तों से अनेक बार हारे हैं
आज भी वे हार गये बूढ़ी अशक्त सुब्बमा से,
दोनों घुटनों पर बैठ माँ का सिर
अपनी जंघा पर टिका अर्धनारीश्वर का हाथ
त्वरा से अंतरिक्ष में घूम गया
और छर....छर....छर झर पड़ी
हथेली से अमृत की अजिस्त्र धार,
सुब्बमा तृप्त हुईं और तृप्त हुए
उनके तीनों पन त्रिलोकी के दर्शन से,
फिर नैन मुँदे और अगले दो पलों में
गली के मोड़ पर सुन पड़ा एक स्वर–
रामनाम सत्य है, साईं बोलो गत्य है।
चींटी से लेकर हाथी तक,
नर से लेकर नराधम तक,
कीट से लेकर पतिंगे तक

सब बाबा की दया के
समान अधिकारी हैं
और ऐसे ही दिनों की
एक बरसती शाम को
भयंकर विषधर ने बाबा को
अँगूठे के पास उँगली में
डस लिया पूरी गहराई से,
बाबा को हँसी आ गई
बड़े दुलार से बोले उसे फटकारते–
अरे, भाई! चलो रस्ता नापो,
क्यों बवंडर मचाये हो?
अनुगमन करते भक्त ने
उसका सिर कुचल कर
उसकी चुनौती को ललकारना चाहा,
पर बाबा का वरद हस्त
उठ गया उस बेनाम साँप को
जो आया था उनसे अपनी गति माँगने,
त्वरा से भक्त के वाम हस्त से
झर पड़ी झर...झर सुगंधित विभूति
जो लगा दी घाव पर संजीवनी बूटी–सी।
सचमुच उसकी कृपा अनन्त है,
जिसकी कृपा से गूँगा बोलने लगे,
अंधा देखने लगे
और सब ओर निहारता अपाहिज
पाताल भेदी गहराई में उतर जाय,
उन्हीं की कृपा से त्रिचनापल्ली का निपट गूँगा,
वेंकट बोल उठा सारे व्यवधान तोड़ता

और अगले दिन आ लगे कई सौ गूँगे वाचाल होने
साईं की गली में,
साईं ने मध्य रात्रि के प्रथम प्रहर में
लोगों का मौन जमावड़ा पाया अपने चारों ओर
भोले भंडारी हँस उठे
उनकी अज्ञानता और श्रृद्धा के सुंदर मिलन पर,
भक्त ने मनुहार की सब गूँगों की तरफ से
प्रभो! जब आपकी ठोकर से मृतक
'मृत्' भाव का निरादर कर के 'जी' उठता है,
तब क्यों न इन गूँगों को बतरस का सुख दें?
बाबा के मुख से झरे निर्झर से दो बोल–
मृतक को जीना था,
गूँगे को बोलना था,
यह उनका कर्म फल था,
मैं तो केवल मध्यस्थ था उन दोनों के बीच,
अवतारी पुरुष छोड़ देता है जीव को
उसके कर्म–फल की टेढ़ी मेढ़ी लकीरों में,
नहीं तो मच जायेगा एक कुहराम
कर्म–फल के बँटवारे में ही,
नरक के दरवाजे हमेशा को बंद हो जायेंगे
और स्वर्ग में फैल जायेगी बहुत गहरी अगर–जगर,
अवतारी के दर्शन से यों कट जाती है
कर्मों की पाश बिना माँगे कदली खम्भ–सी।

बिना कारण साईं कभी किसी पर
सीमातीत द्रवीभूत हो उठते हैं,

बँगलौर का एक मोची
पा गया उनकी दया का बेमोल पिटारा,
वर्षों से पेड़ के नीचे
छोटे, बड़े, नुकीले जूतों को गाँठता
बैठा था अनिर्दिष्ट भविष्य के हाशिये में,
वह अपढ़ता–दुनियादारी
गरीबी–अमीरी
सबका अजीव समन्वय था
और लोगों से मिली
तिरस्कार और उपेक्षा की कड़वाहट को
तमाखू की पीक के साथ
लापरवाही से थूक देता,
मन का बादशाह फूल लेकर
प्यार बाँटने वाले से मिलने आया,
कितना उदार था भेंटने वाला
उठकर चला आया अनाम मोची के पास–
भाई! तुम्हें क्या चाहिये?
दूसरी ओर से मनुहार आई
मेरे घर आइये, मेरे घर को पद–रज दीजिये,
आऊँगा, अवश्य आऊँगा एक दिन
कब, यह भविष्य की बैसाखियों पर
टँगा रहने दें तो बेहतर है,
दूसरे को ऊँचा उठाकर
और खुद नीचे होकर
कितने बड़े हो जाते हैं हम सब,
यह बे हिसाब है सर्वत्र,

यह वह खाता है जिसमें जमा होता है
और ऋण धन से अछूता है।
इसकी टेढ़ी–मेढ़ी लकीरें
हमें अपने लचीले दायरे में
हर युग में एक–सा घेरती हैं,
हमारा जीवन दूसरों की दया पर
निर्भर करता है और हम भी
उन्हें कुछ दे सकें यही तो जीवन की
निपट सार्थकता है,
इसी के चक्रवाही क्रम में
अध्यात्म समाता है,
परहित की दूर तक फैली बाँहों में
हर भाव मोम–सा गलता है
यही जगत का अकेला सच है।

भक्तों ने प्रश्नों के अंबार में
गरीब मोची के चारों खूँट घेर लिये,
रह गये थे अनेक प्रश्न अनुत्तर
और वह बेचारा गल गया था
बाबा की सहज फैलती ममता में,
चक्रवृद्धि ब्याज जैसा
प्यार का मूलधन सब ओर बढ़ता है
और लोग उसी की गहरी छाया में
आदर, श्रृद्धा और भक्ति के सारे आयाम
बिना माँगे बड़ी सहजता से पा लेते हैं।
काल ने अपनी छलना में

कई मास लिपेट लिये
और बाबा ने ममता में
मोची को लिपेट लिया बड़ी सहजता से,
तपता सूरज, फैलती दोपहरी
एक छोर से दूसरे छोर तक
सरपट दौड़ते वायु के बवंडर,
घोंसलों में दुबके विहंग शावक
जीभ लपलपाता हौंकता श्वान
गुड़गुड़िया सँभाले इन सबके बीच
अर्ध निद्रा में खोया बैठा था वह मोची
काल की नुकीली तख्ती पर।
कार का हॉर्न बजा, चौंका
सोचा, मारे गये आज बेभाव
पुलिस के अधिकारी डाल देंगे
जेल की सलाखों में,
मैं यहाँ जो बैठा हूँ एक युग से
बिना किसी को बताये,
यही जुर्म काफी है
परम अपराधी की 'लाइन' तक खींच लाने में;
चलो भाई, आओ कार में बैठो,
तुम्हारे घर जो चलना है,
शब्द सुनकर मोची आश्वस्त हुआ
और बैठ गया त्रिलोकी के साथ
उनके अकेले वाहन में।
आज शबरी को मिल गया
उसके बेरों का बेमोल दाम

और अजामिल पा गया फिर से
नारायण को पुकारने का अनमोल तोहफा,
भोले भंडारी तो सुनते आये हैं
सबको बेहिसाब देने की अपार झिड़की।
बाबा चलते गये
पानी भरे कच्चे गलियारे में
अंत तक टीन ढकी छतों की झोंपड़ियाँ
परम मूक–सी झुक आई थीं बाबा के चरणों में,
मोची के चहरे पर झलके
बेचैनी के श्रमकण,
कब कहाँ असाध्य रहता है?
बाबा के अवाम हस्त में,
कदली फल का पुंज प्रकटा
हर ओर घिरे फल–फूलों के बीच,
प्यार भरी हर ओर झरी
ममता धारी की पावन विभूति,
लो, इसे खिलाओ अपने बच्चों को
तुम्हें न जाना होगा घर से बाहर
आतिथेय का बोझ उठाने,
कालान्तर में अति लाघव से
मोची का घर मंदिर बनकर
नाप उठा सब ओर
आकाशों की एक अकेली ऊँचाई को,
प्रस्तुत को अप्रस्तुत,
अप्रस्तुत को प्रस्तुत,
दृश्य को अदृश्य,

अदृश्य को दृश्य करना,
अति लाघव से सूक्ष्म शरीर को
देश–काल की सीमा से परे
हर स्थान पर उपस्थित करना
साईं बाबा का नैत्यिक कार्य है,
हर प्रकार का सिद्धि साफल्य
उन्हें करतल गत है।

बौद्ध काल में
आकाश–मार्ग में टँगा कमंडल
सारे सिद्ध पुरूषों को
एक चुनौती बन गया था,
आनन्द ने उसे नीचे उतार
अपनी एक विशेष सिद्धि का परिचय दिया था
और सहनी पड़ी थी इसके लिये
बुद्ध की भरमार झिड़की,
बाबा क्या छिपायें, क्या बतायें?
सब बेशुमार है खुली पुस्तक–सा,
एक बार पुण्य तोया गंगा के तट पर,
वाराणसी नामधन्या नगरी की गोद में,
बाबा ने पूजा दिगम्बर को उनके ही घर में,
यों दिगम्बर को पूजना एक महत् कार्य है,
पर 'महत्' की महत् द्वारा पूजा
स्वरूप निर्मित अपनी ही पूजा है,
कंचन खम्भ में अपने ही बिम्ब को
कृष्ण का लवनी खिलाना है

और यशोदा की तरह जनता को
सुखों में घेर जागतिक सिद्धियों का पसारा है,
पूजा से पहले थम...थम कर उठा
सागर के जल–सा मन्दिर का वातायन,
लोग दिल थामे बैठे देखते रहे
चलचित्र–सी घटित होती गतागत घटना को,
चारों ओर स्वर्गिक गंध गमक रहा था,
बाबा के हाथ हमेशा की तरह
त्वरा में सधे शिवलिंग पर गंध का
प्रलेप करने में रत थे और दूसरे ही क्षण
लोगों ने देखा वे छोटे–छोटे हाथ
विभूति का अक्षय भंडार बने
दिगम्बर को विभूति लिपेट कर
और अधिक दिगम्बर कर रहे थे–
जापर जाहि को सत्य सनेहू ।
सो तेहि मिले न कुछ संदेहू ॥
अगले तीन लमहों में यथावत्
बाबा के हाथ में लकदक करता
आ गया तिलरा हार मणि खचित
त्रिपुंड के बीच मोतियों की तीन लड़ों में,
सजा–सँवरा मन को उल्लसित करता,
चारों ओर डमरू बज उठे
'हर–हर' का शब्द अभ्र भेदी गहराई नापने लगा,
बम...बम..बम की ऊँची आवाज
मंदिर की दीवारों को कागज–सा फाड़ती
प्रलयंकारी जल–सी वीथियों में दौड़ने लगी,

लोग प्रमत्त बने शिव–पूजा में नर्तन कर उठे,
शिव–नर्तन नये–पुराने का,
संहार और कठोर का,
कर्म और भोग का,
भोग और कर्माभिमुखी इच्छा का
अजीब समन्वय है,
लोग लय और ताल में बँधे
घुँघरू की झंकार पर,
करताल में डूबा,
मंजीर का आधार पाता,
चारों ओर से गुंजलक में कसता
बाबा के भक्तों के कीर्तनिये स्वर में
सुनते रहे.....सुनते रहे–
हर शिव शंकर शशांक शेखर
हर बम, हर बम, बम बम बोलो,
भवा भयंकर गिरजा शंकर
धिमि–धिमि–धिमि–धिमि नर्तन खेलो।

\+ + +

कालान्तर में एक दिन बाबा बोल उठे
अपने भक्तों के मध्य
बद्रीनाथ की यात्रा का महत् प्रसंग,
हमारे तीर्थ हमारी वर्षों की
साधना की उपज हैं,
हमारा संकल्प जल पहले से
तीर्थों की नदियों में वारि–धारा बना बहा है,
पूर्वजों के दुर्धर्ष पहियों के रथ–चक्र

जहाँ रुके वहीं बना तीर्थ,
वहीं बहे उनकी श्रृद्धा के फूल,
वहीं बसे उनके अमर भाव;
गंगा, गोदावरी और मन्दाकिनी में
बस गयी हमारी ममता,
सध गये हमारे लोक–परलोक,
जीवन के तीनों पन
आड़े–तिरछे इनमें बहने लगे,
पलकों में धूल लगा
हो गये भक्त निमज्ञ श्रृद्धा–जल में,
सज गये चारों ओर
'बद्री' के अमर भाव,
रह गये हुलसते कँगूरे से
ऋषियों के तपोवन हिमाद्रि की कन्दराओं में,
बाबा के साथ चले राजा–रंक
राज्यपाल त्यागकर पालक–भाव।
रह गये सबमें एक से पुनीत भाव,
बाबा के संसर्ग से यों मिट जाता है अहं भाव,
रह जाता है श्वेत पट–सा मन का पुलक
गलियों में दौड़ता यहाँ, वहाँ सब ओर,
भक्तों ने गायी आरती गंगा के महत्तम की,
गुरुता–सा गूँज उठा बाबा का मधुर स्वर गंगा–अयन में,
अगले दिन यह काफिला छू गया
भगवती, भागीरथी और अलखनन्दा के संगम को,
रूद्र प्रयाग, नन्द प्रयाग और जोशी मठ
इसके अंतिम पड़ाव की तीन सीढ़ी थे

और फिर होना था बद्री तक तन और शरीर का
अकेला, एक अकेला महान यज्ञ,
आकाश छूती दुर्गम चढ़ाई,
डोर–सी पतली वक्राकार पगडंडी,
सोने का चमकता बद्री का हिरण्यमय पात्र,
पात्र के नीचे छलकता बूँद–सा मंदिर,
चींटों सा सँभलता भक्तों का दल,
बाबा के संकेत पर आगे बढ़ा,
उनकी दया का भारी बोझ कसता रहा सबको
एक–सा, एक–सी दिशा में,
तभी पार्श्व के गाँव से
लाठी टेकती झुकी कमर
सन के बाल लिये आई एक वृद्धा,
अपलक देखा बाबा को आँखों में
सजाये आँसू की दो धारा,
अस्फुट स्वर बरस पड़े बेबस
पहनाकर मन को स्वप्नों की स्वर्गिक माला–
हाँ, प्रभु! आप हैं, केवल आप
स्वप्न में देखा था चाँद की तिथि को
इस शिला पर बैठेगा युगावतार
सोलह कलाओं–सा दिपता
और बिखेरता अमी आभा हीरे की छाया–सी,
हाँ प्रभु! आप हैं कलियुग में
मन की साध और मन–मंदिर की त्रिधारा,
आपमें ही बहती हैं हमारी
मन, वचन और कर्म की पुण्यतोया धारा,

बाबा की परिक्रमा कर अशक्त वृद्धा
साथ बैठी मन में बद्री तक बाबा का साथ
कौन है अभागा जो छोड़ेगा मुफ्त में
बाबा का अनमोल प्यार,
कौन है जो छोड़ेगा करील के बदले कदली फल ?
कौन है जो तजेगा पावन विभूति धुँधवाते पहाड़ों के चूने में?
सबको आता है अपना हिसाब
हरेक लेता है, कोई देता नहीं दो और दो पाँच,
केवल बाबा में छिपा भोला भंडारी
कर देता है हिसाब में गहरी चूक,
नई योजना की तरह बाँट देता है गहरी मदद
और हो जाता है खाली हाथ कुछ और नया देने को,
आपकी मर्जी उसे बेहिसाब या बा–हिसाब कहें,
पर उसके लेन–देन पर कोई आँच नहीं आती है,
सुमेरू पर्वत पर बैठे लोग उसका देना जानते हैं,
लेन और देन यों दोनों मिलकर
एक सहज प्रक्रिया को जन्म देते हैं,
जिसमें बँधकर बाबा देने के बदले
अपने भक्तों का अमित प्यार पाते हैं,
वे बँध गये हैं लेन–देन के कच्चे धागों में,
सुतरां बुढ़िया से बोले बाबा यों–
वहाँ जाकर और क्या लोगी?
किससे मिलोगी?
क्या यहाँ नही मिला, जो वहाँ मिलेगा?
और सचमुच बाबा की रत्ती–रत्ती बात को
तोला–माशा सही पाकर

बुढ़िया बड़बड़ाती लौट गई अपने गाँव–
वाल्मीकि सा जपती राम–नाम का उलटा प्रलाप।
बाबा ने कहा भक्तों से
कुछ देहधारी जानते हैं
इस युग में भी अवतार गाथा
और यह भारत–माता उनमें से एक थी,
जिसके आँचल में खिलते हैं दूसरों को
कुकुरमुत्ता से स्नेह के फूल
और खुद उनकी चादर दूसरे फूलों की सम्पोषक होकर
तार...तार होकर बेतार हो जाती है,
लोगों में व्याप गया भारी सन्नाटा
बाबा के लेन–देन की मरीचिका को लेकर
हत् प्रभ थे सभी वृद्धा के सौभाग्य पर।

और यह काफिला पवन की पुलक–सा
जा पहुँचा 'बद्री' के धवल मन्दिर में,
खुल गये कपाट तमस को छेदते,
जल गई तुहिन–कपास
पाकर बाबा की ऊष्मा
हँसते मुधर ओठों में,
खुल गया दरबार बाबा के उठते अभय हस्त में,
रच गये संसार उनकी कृपा–कोर में,
सुन पड़ा चहुँ ओर बाबा हैं पधारे
देने बहुत कुछ अभौतिक याचकों को,
लोग आते ही गये दल बाँधकर
तृण सरीखे चहुँ ओर तिरते

नाभिजल के गह्वरों में गहरे उतरने
या उलझने 'परम' के स्नेह सिंचित चक्र में
सब गँवाकर प्यार की बस थाह पाने।
प्यार का यह सर्वग्रासी चक्र
घूमता चहुँ ओर सब कुछ 'लीलने' की ही ललक में
और ओक्टोपस सरीखी तलगामी भुजा–सा
ऐंठता अपने उसी आखेट को एकाकी क्षणों में
सब ओर से गढ़कर अपने सरीखा,
बैठ जाता है उसी के 'ढूह' पर दुर्जेय–सा बन
सब ओर से बेमौन–बहुतेरे नयों की खोज में,
प्यार का यह चक्र हर युग में
इसी गति से चला, चलता रहेगा
और इसमें टूट कर आते रहेंगे
शलभ कितने ही असंख्यों प्यार की बाधा न सहकर।
बाबा ने प्यार से बाँटे
बहुसंख्य कम्बल
'बद्री' के शिशिर को लघुमान करने
और बहुतों को दिया पैसा
बिठाकर दूर तक फैली कतारों में,
पा गये भोजन अयाचक आज पहली बार,
पिता ने प्यार से परसा सभी को
और उनका घ्राण ऊपर तक भरा था
व्यंजनों की सौंधी महक से,
फिर चला पूजा का उपक्रम
पेट की गहरी क्षुधा को शान्त करके
भक्त ने खोजे असंख्यों मौक्तिकों को

प्यार से दिखला भटकते बहुतेरे जनों में
केवल एक वर्चस भर दिया फूली नसों में–
एक दूजे के लिये जीते रहे हैं
यह हमारी पुण्य संस्कृति का विमल संदेश है।
और यों ही उठ गया बाबा का खुला–सा हाथ
शीघ्र चमकी चतुर्भुज की सलोनी मूर्ति,
जिनके चार हाथों में
शंख, चक्र, कमल और गदा
प्रतीक हैं चार आयुधों के,
जो बँट गये हैं मानवों की भावना में,
शंख और चक्र नियति के साथ
देश–काल के प्रतीक बनकर
हमें आत्मबोध के जल में
डुबोते रहे हैं और कमल, गदा
उसी क्रम में हमारे सत्–असत् कर्मों का
मीठा–कड़वा फल देकर,
निर्माण और विनाश की भूमिका
सृजते रहे बँध एक–सी लय में।
बाबा के वाम हस्त में प्रकटा सहस्रदल–कमल
और फिर एक–एक करके गिरने लगे
सोने के बिल्व–पत्र
नेत्र–लिंग की विधिवत् अर्चना को,
शंकराचार्य ने कभी काल–पत्थर पर
इसी लिंग को जनता के दर्शनार्थ
मंदिर के प्रकोष्ठ में बैठाया
और जनता बगैर कहे झुक आई

उस लिंग की विशाल परछाईं में,
बाबा के साथ जनता डूब गई
पुरूष–सूक्त के गायन और लिंग–स्तवन में,
चहुँ ओर व्याप गई स्वर्गिक गन्ध
भावना–सी कोमल और झीनी,
पुष्प साबुत और पंखुड़ियों में बँटकर
बिछ गये थे सब और बर्फ से सफेद
अनन्त की गहराई मापने और व्यापक को
अव्यापक बनाने।
न मालूम कहाँ से
बाबा की कृपा को मूर्तिमन्त करने
गंगा–जल अभिषेक पूर्ति में सहयोगी बन
बहा सब ओर सीधी–सपाट गलियों में,
सब कुछ घटित तथा बाबा के संकल्प में
सब कुछ स्रजित था वैदिक लकीरों में।
ब्राह्मण–अ ब्राह्मण में
बँट गये हैं पूजा के उपक्रम,
मंदिर के पुजारी राजपाल के रहते
सर्वशक्तिमान को रोक चुके थे नेत्रलिंग की पूजा से
और अब देख रहे थे नेह में बंधे
इन्हीं उपक्रमों को गहरे अवश से,
लोक की रीति में शिव ने शिव को पूजा,
अलौकिक रीति में सर्व शक्तिमान ने सिखाये
कल्याण के भाव अपने भक्तों को,
गहरी ममता में बँध पिता
सबको एक–सा भेंटता है,

बड़े–छोटे का भाव उसके मन में
आज तक नहीं उपजा है,
हमारी भेद–बुद्धि ने न मालूम कब से?
अपने चारों ओर बड़े–छोटे के बीज
खुद–ब–खुद बो रखे हैं,
जो सब तरफ कैक्टस से उगकर
हमें सब ओर से घेरते हैं
और जिन्होंने हमारे विश्वायतन को
बहुत छोटा बना दिया है, क्या कहें?
एक ही कमरे में अब हम टाँग पसार कर
सोना तो दूर, उठ–बैठ भी नहीं सकते हैं,
सब ओर उग आये हैं संशय के बबूल
और आत्मग्लानि की नागफनी,
जिसका एक काँटा गँसकर
सब ओर से साबुत माँस को
भुरभुरी मिट्टी–सा गलाता बन गया है कैंसर,
वरना आज तक किसी ने तोली है माँस की ऊर्जा,
जो धरती–आकाश को सटाकर
एक–दूसरे के पास बिठा दे और मन में
उगते फूलों को बढ़ावा देकर धरती को
साक्षात् धरती को आसमान तक उठा दे,
माँस की इसी ऊष्मा ने बाँट दिया आर्यों को
धरती के अनेक भागों में अनेक नाम देकर
और हम खोजते रहे अपनी ही बनायी
बड़े–छोटे की लकीरों से बाहर निकलने के उपाय
और देते रहे दोष उस नियन्ता को

जिसने मिट्टी की मूरत–सा हमें गढ़ा था
एक दम सूधा और निर्विकार,
रंग की ममता में डूबकर हम खुद
लाल–पीले होते रहे, उसे कोसते रहे
अपना दोष उसी पर लादते रहे
और वह विष्णु–सा गम्भीर हर युग के भृगु के लिये
हमारे अंगों को धो–पोंछकर साबुत रखने की ममता में
अपने पास बुलाने की हर बाधा का ब्यौरा
बड़ी तरतीब से रखता रहा;
और आज उसी परम कृपालु से बिछुड़ने में
बद्री का हर नर–नारी त्रेता की सीता–सा
पूछ रहा है–छाया और शरीर
दोनों की एक नियति है, एक गति है,
केवल प्रेम अपरिहार्य है दोनों की दूरी पाटने
और दोनों को एक–दूसरे के पास रखने;
सीता की भक्ति हर युग में
बहुत गहरे पलती रही है मन की आभा में
और लक्ष्मण की आस्था हर युग में
बालू की तहों में राम–सीता के
पद चिन्हों से अलग अपने पैर रखती
उनकी पावन पग–धूलि अपने सिर रखती रही है,
इसी भक्ति और आस्था में सन कर
हम अपने टूटे खंडों को जोड़ते रहे हैं,
वरना बद्री की जनता कैसे लौटती अपने घरों को
परम कृपालु की ममता डोर में बँधकर,
और दूसरी ओर पुट्टपर्थी के भक्तों ने

भक्ति का हिसाब लगाकर बाबा से
बदले में वह सब पा लिया जो बद्री में
भोले भंडारी ने बाँट दिया था अपने भक्तों में।
हर युग की जनता अपने अंगों पर
प्रेम की खराद चढ़ाकर,
पागल–सी जनता,
भोली–सी जनता,
यही कबीरा अलापती रही है–
हरि को भजै सो हरि का होई।
जात–पात पूछे ना कोई॥
और यही सत्य है,
यही शाश्वत है,
यही अनश्वर है,
यही अमिट है
काल के पत्थर पर
सोने की लकीर–सा दिपता,
बाकी सब कुछ छूछा है, निरर्थक है
फैंक देने के लिये,
जो जिसका है उसे वह सौंप कर
हम खो जायँ कहीं बेखबर होकर
सब ओर धुँधवाते पहाड़ों में,
समर्पण की लय–ताल में बँधे
एक से थिरकते उसके संकेत पर
उसी में खोने और बार–बार उसे पाने।

•••

ग्यारहवाँ सर्ग

'बेमेल हिसाब'

माँ का ममत्व
और पिता का संरक्षण
बालक की दुनिया में
अचूक बेमेल हिसाब है,
पिता देता है,
तो पाने की आशा करता है,
बालक को दुनिया की टकसाल में
साबुत उतारने की कोशिश करता है–
कुछ पाने की आशा में,
और माँ का खाता बेनाम
यों ही पड़ा रहता है
बहुत कुछ देने को,
जनम देने के बाद
सर्पिणी के अलावा
हर माँ अपने बालक को
केवल जिलाना जानती है

विवशता की टेढ़ी–मेढ़ी
बैसाखियों को ताक पर रखकर;
सुतरां माँ और बाप
दोनों में अपनी तरह का गहन अंतर है।
पेद्दा वेंकमा सत्य के 'जनम' से पहले
घर में घटने वाले अनजाने
लक्षणों का अर्थ पूछने
पड़ौस के पंडित तक गये,
अर्धांगिनी के साथ
सत्य का अधिवास
केवल पुट्टपर्थी हो इसे सार्थक करने
बड़े बेटे के द्वार तक गये,
पर बौखला गये अपने ऊपर
पड़ते लांछनों की बौछार से
और उठाकर डंडा पहुँच गये
लीला बिहारी बनाम बेटे के दरबार में–
सब ओर से झल्लाये, टूटे
मन में सँभाले क्रोध और ममता की
अपरूप थाती।

वही पिता सत्य को
जान लेने के बाद कह देता है–
उन्होंने मुझे पिता कहा है
यह मेरे जन्म–जन्मान्तर का फल है,
उन्हें ईश्वर जानो,

उनकी पूजा करो, अर्चना करो
उन्हें अपने हिसाब से जानो,
बाबा तुलसीदास ने भी तो
काल के थड़े पर बैठकर
कभी बेलाग बात कही थी–
जाकी रही भावना जैसी।
प्रभु मूरत देखी तिन तैसी॥

माँ अपना नाम नहीं चाहती,
दुनिया भर के मुल्कों में
बेटे को पिता के नाम से जाना जाता है,
और माँ का खाता वहाँ भी
बेनाम चढ़ाता जाता है ममता का
बेमोल हिसाब, और माँ लेने वाले से
कभी देने का तकाज़ा नहीं करती है,
तकाज़ा वहाँ किया जाता है,
जहाँ हिसाब रुपया–आना–पाई
एक दम दुरुस्त हो
और जहाँ उधार खाता केवल
एक कोरा कागज पड़ा हो,
वहाँ किससे क्या माँगा जाय?
इसके लिये दुनिया में आज तक
कोई अदालत नहीं बनी है,
तभी तो माँ की अदालत
सबसे बड़ी है और उसके सामने
झुक गये विधाता भी अपने अन्दाज़ में।

दरबार लगा है
लोग मिसरी, ताजी गिरी,
चम्पा के फूल
अपने-अपने हिसाब से पा रहे हैं,
मार्ग में मिले पिता को किसी ने यों ही
दैव-प्राक्ट्य की बात कही
और वे झुँझला पड़े पूर्वाग्रहों में घिरे
बालक पर डंडा ले बेभाव,
बोलो तुम कौन हो? वही एक प्रश्न
घूम रहा था वात्याचक्र-सा पिता के मन में
और बालक शान्त भाव से उत्तर दे रहा था-
साईं बाबा-शिरडी का साईं बाबा।
हम कैसे जानें तुम साईं बाबा हो?
भौतिक को अभौतिकी का थोक हिसाब चाहिये,
बाबा ने फूल लेकर बिखेर दिये सब ओर
वे सिमिट आये चहुँ ओर से लिखने 'साईं बाबा'।
उसी दिन से पूजा-क्रम चला अबाध,
आकर्षण झरा सब ओर निर्बाध,
मन के संशय गिरे धीरे-धीरे सही की तलाश में
और बाबा वे तो ऊपर थे इन सबसे,
डुबकी लगाये भी जल में न थे,
जल की एक बूँद कमल पात-सी न ठहर पाई
कहीं उनके मन में।

अनासक्त 'जनम' से होते हैं,
अनासक्ति भेंट नहीं मिलती,

अर्जित नहीं होती–स्वभाव की अंग बनी
कहीं छिपी रहती है दैवी गुण–सी,
उसकी तलाश नहीं की जाती,
खुद–ब–खुद अनासक्त में बैठ
नाना कर्म जो करवाती है उससे,
यही अनासक्त और अनासक्ति का पारस्परिक
अद्भुत तालमेल है।
बड़े भाई को संदेह हुआ
श्रीमंतों को भँवरे की तरह सत्य के
चारों ओर चक्कर लगाते,
उन्होंने आगाह किया भाई को
बगैर अनासक्त और अनासक्ति का
सम्बन्ध जाने,
सत्य ने अनासक्ति को आगे कर
जबाब दिया भाई को शिष्ट और संयत बन–
मैं भक्तों का हूँ,
हम दोनों के बीच
आदान–प्रदान कैसा?
वे तो मेरे प्रेम के अधिकारी हैं
वे आते हैं मेरे पास अपने दुख–दर्द का
सीधा बही खाता लेकर
और मैं उनमें भर देता हूँ आस्था और विश्वास के
नये कोण भविष्य को पाने,
जिसे हम गवाँ देते हैं वर्तमान की
टेढ़ी–मेढ़ी लकीरों में सब तरफ बेभाव।

मेरे और भक्तों के बीच
युग–युगान्तर का एक सम्बन्ध है,
सारे व्यवधान तोड़
पहले से वे मेरी शरण में
छाँह लेते रहे हैं,
जल नीचे की ओर बहता है
गर्त में आकर्षण है
सबको अपनी बाँहों में
सिमेटने और समाने की जगह है।
पहाड़ पर चढ़ना
और गर्त में समाना
दो अलग स्थितियों के परिचायक हैं,
पर गहराई से देखने पर
दोनों एक हैं थोड़े से भेद को लेकर–
पहाड़ पर चढ़ना लक्ष्य की प्राप्ति में लगी
साधना का गहन प्रदर्शन है
और गर्त में समाना आत्मरति के साँचे में ढली
भक्ति और समर्पण के समकक्ष दूसरी स्थिति है;
प्रदर्शन में कहीं उद्‌बोधन का भाव छिपा है
और समर्पण में युग–युगों से दूसरे को
अपने समान बनाने की उल्लसित स्थिति से
नकारा नहीं जा सकता है,
हमारे ऋषि, महर्षि, अवतारी पुरुष,
साधु, सन्त, फकीर, दुनिया भर के उदासीन–
अस्तित्व और संरचना के नये–नये घटक

इन दो स्थितियों में बटँकर जगत की परिपाटी को
पूरते आये हैं, और हम उन्हें अन्यान्य संज्ञायें देकर
एक–दूसरे से अलग करते रहने में हैं,
जीवन की पूर्णता कुछ करने में है,
असफलता के डर में कुछ न करना
समूचे जीवन को तोड़ता है और दुनिया भर में
निराश लोगों की जमात खड़ी कर देता है,
क्रियाहीन प्रदर्शन बालू का महल है,
उसे ठोस आधार चाहिये
प्रेम, शान्ति, त्याग और सत्य के
चार कोनों से बनी चार दीवारों का,
मैं वही आधार हूँ
या
आधार बनने की प्रेरणा देता हूँ
और लोग इसे सहज गति से स्वीकार कर लेते हैं,
कितना कठिन होता है–दूसरों की भावनाओं का भार–संवहन
और कितना आसान होता है ऐसे जन पर,
कीचड़ उछालना, उसे अपने में खींचना।
कहीं भी तमाशाई मत बनो,
दो लड़ने वाले हमेशा की रीति है
तमाशा देखने वालों के लिये लड़ते हैं,
आपका वहाँ से हटकर कहीं और चले जाना
उनकी रिक्तता को भर देगा,
उन्हें मजबूर कर देगा फिर कभी न लड़ने को;
बालक को हँस–हँस कर आप जितनी 'शै' देंगे

वह उतना ही विश्व विजेता बनकर जरूरी से जरूरी कागज को
आपकी मौजूदगी में चिन्दी–चिन्दी कर देगा
और आपकी ओर देखता जायेगा
भावी संकेत बटोरने के लिये,
आपका फर्ज है उसे सही मार्ग पर डालें,
यों दूसरों को दूसरें की स्थिति में
छोड़ देने का नाम उदासीनता कहलाता है–
आप कब तक दूसरों के बीच रहकर
गैरों का सा बर्ताव करते रहेंगे,
घिसे कोणों का ही दूसरा नाम
सामाजिकता है।
और यह गतानुगतिकता की चकरी पर लिपटकर
एक–सा भविष्य की सरिणियों में बहता आया है;
मैं इसे नया रूप नहीं दे रहा,
लोगों में इसी में ढलने की
प्रेरणा दे रहा हूँ और जो हमसे बन सके
वह हम जरूर करें,
यों एक बैसाखी पर सारा आकाश कब टिका है?
उसके लिये जरूरी है मन में
आकाश उठाने का भाव और उसी के अनुरूप
यहाँ–वहाँ अनेक हाथों का उठ जाना।
संकल्प बहुत बड़ा होता है
वह खुद मन को नये आयाम देता है
और नये आयामों की दुनिया में
आपका हर कोण नापा–तौला जाता है,

फिर आप वही करें जो दूसरे को
उनकी सही तसवीर दे दे और आप
प्रकाश–स्तम्भ से खुद जल में गलकर
दूसरों को रोशनी की किरणें फैलाकर
अपना कर्त्तव्य पालते रहें,
यही जीवन है और इसी को जीने का सही नाम
आध्यात्मिकता की सही परख है,
यों आध्यात्मिकता गूलर का फूल नहीं है,
उसकी सारी बारीकियाँ
जन–जीवन में रखकर देखी–परखी जाती हैं
और जन–जीवन को साथ ले जाने वाले
महत् पुरुष का ही दूसरा नाम
अध्यात्म पुरूष है,
मैं उसे भगवान कहता हूँ–
वह भाग्यवान जो है दूसरों को
सही मार्ग दिखाने में।

मार्ग–दर्शक गुरु
भगवान का रूप है,
वह 'अंह' विहीन है,
'अहं' अपने और पराये की भेद–रेखा का
दूसरा नाम है,
इसे मेटना भगवान को भेंटना है
और हम इसी मंजिल पर तब तक चलें
जब तक हमें कुछ और राहगीर न मिल जायँ;

हम अकेले कब तक कितनी लकीरें खींचकर
राह बनायेंगे, यह प्रवंचना, और कब तक ओढ़ेंगे?
नये के प्रवर्त्तक बनने से बेहतर है
पुराने का संवर्द्धन
और हर रूप में उनका विवर्द्धन तथा सम्पुंजन,
यही भाव समन्वय को जन्म देता है
और समन्वय दुनिया की हर शक्ति से बड़ा है,
समन्वयकारी अगाध और अगम्य का पर्याय है
और उसी में समा जाते हैं सृष्टि के सब कोण केन्द्र–बिन्दु से।
छोटा नापता है अपने को सबसे,
यों दूसरों को नापते समय उसका पैमाना
हमेशा छोटा पड़ जाता है और वह खुद–ब–खुद
अपने को दूसरों से बड़ा मानता है;
बड़ा वह है जो दूसरों को बड़ा होने का
सदैव एक–सा अहसास कराये
और खुद बड़े–छोटे की तुला से अलग रहे,
ऐसे आदमी की दुनिया में 'मैं' का भाव नहीं पलता,
वह खुद स्वयं को दूसरों में खो देता है,
अब आप यह चाहें कि कहीं दूसरे लोग
उसका अनुचित लाभ न उठायें और वह
निरा भोला बना उनसे ठगा जाता रहे,
तो यह दुनियावी हिसाब उस शिक्षक से
भला क्यों माँगते हो जो शिष्यों को बनानें में?
कोई कोर कसर नहीं रखता है,
भक्तों के बीच में कृष्ण–सुदामा,

अर्जुन और दुर्योधन हमेशा पाये गये हैं
और वह हमेशा सबको एक–सा चाह कर
अर्जुन को अधिक देगा, क्योंकि अर्जुन में
लेने की क्षमता दूसरों से अधिक है
और आप ऐसी घड़ियों में शिक्षक की
सहेजी नैतिकता पर एक प्रश्न चिन्ह
बगैर माँगे लगा देते हैं और वह इसे
गुरुता की चाशनी में पगा अपने को खरा बना लेता है।
यही उसकी 'इयति' और यही उसकी 'नियति' है,
इन दोनों के बीच कभी आपने उसे रख कर देखा है,
अगर रखकर देखा होता तो कभी आप यह न लिखते कि मैं
श्रीमन्तों के बीच में पहुँचकर बहक न जाऊँ
या वे मेरा अनुचित लाभ न उठायें।

मुझ बे–हिसाब पर कहाँ रक्खे हैं आपके जैसे बटखरे,
मैं स्वीकार करने से पहले किसी को नहीं तौलता,
तौल कर लेना और देना तो व्यापारी का काम है,
मैं इस सृष्टि में व्यापारी बन कर नहीं आया,
लोगों को शक्ति भर बाँटता रहूँगा प्रेम और शान्ति का अमर संदेश,
लोगों को शक्ति भर बाँटता रहूँगा सुख और चैन की बुकनी,
लोगों को शक्ति भर बाँटता रहूँगा उनके कर्मों का प्रसाद
और आप नापते रहेंगे उसे शंका के बेमानी पैमाने से;
शृद्धा और भक्ति की परख शंका से तो होती नहीं,
यह अलग बात है कि शंका किसी एक ओर बढ़ने का संकेत है,
हम उसी शंका को जिज्ञासा कहते हैं

और जिज्ञासा 'परम' के रहस्यों को
आदमी के धरातल पर उतारने का दूसरा नाम है।

पुट्टपर्थी वासी बड़े भाई को पत्र लिखते–लिखते
बाबा एक दम मौन हो गये–वह मौन आज तक वैसा ही बना है,
तभी तो बड़े–बड़े कीचड़ उछालने वाले आये
और बाबा ने सहज भाव से यही कहा है–
मुझे जानने से पहले खुद को जानो,
मुझे मत नापो, मुझ में डुबकी लगाओ
और प्रेम के अगाध भंडार में डूबते जाओ.....डूबते जाओ
और डूबते जाओ यही सच्चे जीवन की परख है,
प्रेम और भक्ति वे मस्तूल हैं जिन्हें पकड़ कर
जीवन–सागर की सारी बाधाओं को पार किया जा सकता है,
जिन्हें पकड़ कर सारी भौतिकता को ललकारा जा सकता है,
जिन्हें पकड़ कर सारी तुच्छताओं का उन्मूलन किया जा सकता है,
जिन्हें ग्रहण करके ग्रहण करने को और कुछ शेष नहीं रहता है,
मन में व्याप जाते हैं दूसरे क्षेत्रफल के बेतरतीब हिसाब,
बेतरतीब फूल, बेतरतीब काँटे
और बेतरतीब गंध,
यह 'बेतरतीब' अगम्य की पर्याय बनकर
भक्त को औरों से अलग किसी में केन्द्रित कर
सुरक्षित रख लेती है अनाम की चौखट में,
आप और आपके जैसे अनेकों जन
कब तक उस 'अनाम' को जानेंगे?
आप सब के लिये खुले हैं प्रशान्ति निलियम के कपाट
प्रेम, शान्ति, सत्य और न्याय के छपके–कुन्दों में जड़े।

वे सभी आयें, अवश्य आयें
जो मुझे जानना चाहते हैं,
पर मैं किसी के पास क्यों जाऊँ?
अपनी सत्यता का प्रमाण पत्र पाने,
हमारी सनातन परम्परा है
और कुछ रूपों में वह अभी जीवित है,
लोग गुरु के पास जाते हैं,
लोग गुरु की तलाश करते हैं,
लोग गुरु को पाते हैं अपने को खोकर,
मुझे पाने के लिये अपने को खोना होगा उसी धरातल पर,
फिर आप मुझ में क्यों खोजेंगे, क्या पायेंगे?
'पाना' खोने की परम गति है,
जिसे आप 'पाना' कहते हैं वहीं से खोने की हद शुरू होती है
और वह फैल जाती है पाने वाले को और अधिक उलझाने में,
'पाना' और 'खोना' यही जड़ का अमर आनन्द है
कैलाश के अबुझ आलोक में।

जीवन अमर बेल–सा उलझता जाता है,
पाने–खोने के इन्हीं नुकीले प्रश्नों में
और जिज्ञासु खोजते हैं इन्हीं क्षणों में
समाधान हेतु सच्चे गुरु का परमाधार,
मध्यम कोटि के असंख्य जन
बगैर जाने–बूझे इन्हीं में उलझे रहना
अपने जीवन की नियति मान लेते हैं
अथवा यों कहें कि हर स्थिति की तरह

यहाँ भी वे समझौता कर लेते हैं अपने दुनियावी चौखटे में,
अन्यथा अध्यात्म का झलमलाता चौखटा
सबके लिये खुलता है समभाव से,
कोई उसे देख कर बढ़ता है उसकी ओर
यह जानने इसमें और क्या है?
और कोई बस यही है, इससे आगे और क्या होगा?
इसी में जीवन के अनेक स्तर मन की राख से ढक देता है,
धीरे-धीरे दहकते अनबुझे शोले राख में बदल जाते हैं,
बड़ा सहज हिसाब है, राख को राख जन्म देती है,
ज्ञान ज्ञान से उपजता है,
कर्म कर्म से सँवरता है
और सत्य का केवल एक दिव्य स्फुलिंग
अनेक सत्यों को जन्म देता है,
तुम केवल भिड़ जाओ सत्य को पाने
हर ओर से नाकाबन्दी किये
'अजन्मा' के ऊँचे महल से,
फिर वह महल तुम्हारा है,
वह कब हद खींचता है?
अपने और भक्तों के बीच,
ये तो भक्तों के अपने उठते-गिरते
फैलते-सिकुड़ते और पल-पल बदलते विचार हैं,
जो उन्हें अपनी ही 'हद' में रहने की ताकीद करते हैं,
भक्त अपने चारों ओर 'हद' खींचकर
खुद 'बे-हद' हो जाता है,
फिर उसे सीमा में आने के लिये

खोजने पड़ते हैं, परम गुरु के सत्य वचन
और यहीं से शुरू हो जाती है
साधना की चरम स्थिति,
जिसमें कीचड़ है, फिसलन है,
काँटे हैं, बेहद नुकीले कंकड़ हैं,
पर जिज्ञासु पार करेगा इन सब को
पाने की गहरी ललक में,
कट जायेंगे तमसा के सारे पाश
खुद–ब–खुद यशद के धागों से,
खुल जायेंगे कपाट पर कपाट
उठती–गिरती यवनिका–से
और फिर वह 'अजन्मा' उनका अपना है,
निजी अपना है, उसमें नाप–जोख कैसी?
उसमें पाना–न पाना कैसा,
उसमें खोना–न खोना कैसा,
उसमें मिलना–न मिलना कैसा,
सब उसी में मिलकर एक रूप हो जाते हैं,
सागर में से कौन छाँट पाया है?
गंगा और गोदावरी का अलग–अलग जल।
युग–युग की यही सनातन परम्परा है–
हरि को भजै सो हरि को होई,
जाति पाँत पूछे ना कोई।
और निम्न कोटि के कर्म हीन अपरिमित जन
सागर–तट से मन में अपार मरुथल बटोरे लौट आते हैं,
बार–बार लौट आते हैं दुनिया के

अनबुझे–नुकीले प्रश्नों में,
और उन सबके लिये मेरे मन में अपार ममता है,
ममता की डोर पकड़ कर छरछराते जलबंध को आज तक
सब पार करते आये हैं, करते रहेंगे
और जीवन भरता रहेगा अनेक आयामों से,
जिसे नापने में चुक जायेंगे युगों के पैमाने
और रह जायेगा केवल सब ओर फैलता सरल मन,
यही सरल मन हर सफलता का मूलाधार है
इसी की साधना 'परम' की साधना है
और पागल सी जनता प्रभात फेरी के उद्दाम क्षणों में
सब ओर से गा उठी–
मानस भजरे गुरु चरणम्। दुस्तर भव सागर तरणम् ॥

•••

बारहवाँ सर्ग

''महाप्रस्तार के लघु-बिन्दु''

हे करुणानिधान!
आपके अस्तित्व के अनेक स्तर
अनेक जगह, अनेक कालों में
कदली खंभ से खुलते गये हैं,
पर उनका सार-भाग
आपके पास है और आप में अन्तर्भूत है;
कब, कहाँ, किसको, कितना योग चाहिये
यह आप में समाया है
और आप केवल उसे गुणात्मक करते हैं,
ऋणात्मक-स्थिति आपके पास
भूलकर भी नहीं फटकती है।
प्राचार्य एस.एम.एल.माथुर विद्यालय के प्रांगण में
आपकी गुणात्मकता के किस्से
इतिवृत्त में लपेट कहते नहीं अघाते हैं
और अघायें भी कैसे?
आप उन्हें जीवन के महाविनाश से
महानिर्माण की ओर लौटा लाये हैं,

उस दिन का महाधंकार वे कैसे भूलें?
जब जगमगाता प्रकाश,
दिपता अनन्त राशियों का भंडार
यह वस्तु जगत उनके समक्ष
एक शून्य में सिमिट रहा था
और देश–विदेश के नेत्र विशेषज्ञ
उन्हें शीघ्र ज्योति विहीन होने की
उद्घोषणा कर चुके थे,
उनके सामने चतुर्दिक में
बाँह फैलाता अँधेरा सब ओर से
घेरता अपने में लीलता बढ़ा आ रहा था
और वे इसे अपने संस्कारों में, अपने विचारों में
अपनी शिक्षा की सघनता में
विश्व नियन्ता की इच्छा मान
केवल चुप थे।
सब तरह के इलाज के बाद
अब और चारा भी क्या था?
मस्तूल के टूटने पर
नाविक अपने को लहरों के सहारे
छोड़ देता है,
सब ओर भागता मृग शावक
थक कर खुद को शिकारी के सहारे छोड़ देता है
और शुतुरमुर्ग़ रेत में चोंच छिपाकर
खुद को सब ओर से सुरक्षित समझता है।

सब ओर से 'लीलते' अँधेरे में
उगी एक प्रकाश–किरण
मन में जगी आशा की लहर
फैल गये मन के थके पंख
ऊँची हिलोर उठाते सब ओर,
चले बाबा के निकट मन में सिमेट
बचे–खुचे मुरझाये मन के फूल,
घर वालों ने उठाये संशय सहयोग के
और जिसे गज भर जमीं न दिखायी पड़े
उसे सहयोग कैसा ठोस आधार चाहिये
अपनों का, परायों का
इस ओर, उस ओर, सब ओर, चहुँ ओर
एक सा, एक भाव, एक मेल, बे–मेल
और प्रिन्सिपल चले अकेले
दिल्ली से पुट्टपर्थी साधे मन के कोने में
अनेक सवाल–जवाब बाबा के योग से
सानिध्य की झिलमिली में।

अनेकों स्टेशन, भारी रेल–पेल,
शोर–तमाशा, धक्का, सहयोग,
परेशानी, जड़ता, धुँधवाती तन्द्रा,
शोले से उठते–दहकते परिजनों के
बे–बुझे अनेक प्रश्न
उन्हें घेरे थे मंजिल के अन्तिम छोर तक,
प्रशान्ति निलियम विश्व का समूचा आधार,

आस्था का मूलाधार,
संशय के बादलों को काटती
प्रचंड आँधी–सा दिख पड़ा धुँधला अध खुले नैनों में,
लग गये भक्तों की कतार में
सबकी तरह सँजोये मन में बाबा की अपार माया,
एक दिन–दो दिन......बीते कई दिन
मन में उतरा गहरा विषाद
घिस गये उल्लास के सारे कोण
वैवश्य के नैशांधकार में
और फिर एक दिन मन की गहराई से
जगे वैदूष्य की किरणों में अनेक सपने–
साधू–संतों के द्वार पर उतावली कैसी?
बेचैनी क्यों?
आये हैं माँगने तो मिलेगा ज़रूर
थोड़ा या बहुत–यह अलग सवाल है,
और युग–युगों से यही एक सवाल
झंझावात–सा उघाड़ता आया है
ऋषियों का मनोबल, सिद्धियों का जाल
और फिर उसी के थमने पर, सँभलने पर
सज गये हैं सब ओर
साफल्य के अनदेखे तोरण,
जो सब कुछ जानता है
उससे माँगना कैसा, बगैर माँगे भी
वही मिलेगा जो सोच की परिखा में
एक–सा घुमड़ रहा है गहरे आवर्त–सा

और जिसने युग–युगों से हमारी मनसा को
एक–सा मथा है इच्छा की मथानी से,
जो सार भाग है वही प्राप्य है
वही वर्तमान है
और शीर्ष बिन्दु से टिके हैं उस पर हमारे
भविष्य के सारे कोण।
उन्हीं की अमर छाया में काट दिये हैं
हमने, सबने, हर जीवधारी ने
अपने सारे युग रह–रह कर एक–से ध्रुवीकरण में जीकर,
तभी बाबा का छू गया हाथ सिर के बालों पर
एक साथ एक रूप दौड़ गये
बिजली के तारों से गहन कम्पन
सारा शरीर हिल गया वृक्ष की तरह
मूल से सब ओर झर–झर के संगीत पर,
एक दम आँखों में दौड़ गईं प्रभा की लहरें
खुल गये नेत्र अपना सब कुछ पाकर
प्रशान्ति निलियम से लौटते–लौटते
उनकी दृष्टि गुणात्मक हो गई
और कालान्तर में सबकी तरह सामान्य हो गई,
देश–विदेश के सभी नेत्र विशेषज्ञ
आश्चर्य चकित थे उनकी नेत्र–ज्योति पर,
इसी को कहते हैं चमत्कार,
इसी को कहते हैं गहन आश्चर्य
और बाबा की छाया में जो हो जाय सो कम है,
वह मायावी सबको छलता है

अपनी अमर माया में एक–सा चहुँ ओर
टिक गये हैं उसके समक्ष हमारी श्रद्धा के समग्र आयाम
और हम कठपुतली से उसके हाथों में
केवल नाचते हैं अग–जग को सम्पूर्ण समर्पण करते
और प्राचार्य माथुर पूर्णांश से उसी दुनियावी मशीन का
एक सफल हिस्सा बन गये हैं।

\+ + + + +

मेरे जीवन का हृत् कमल
बाबा के बिना अधूरा है,
विधाता ने अधूरे ही रचे थे
जीवन के सारे आयाम,
अधूरे ही रचे थे पहले से
खिलवाड़ के सारे सामान,
मातृ विहीन बालक जीवन और जगत की
बहुत–सी परिपक्वताओं से
अछूता ही रह जाता है और उग आते हैं
उसके अधूरे जीवन में
सिर उठाते कुकुरमुत्ता सरीखे ढेर से अभाव।
मैंने प्यार करते कब किस माँ को देखा है?
मुझे लगा है दुनिया में माँ नाम का अक्षर
मेरे जीवन की किताब से मिट गया है;
तभी तो चारों ओर, मेरे चारों ओर
उठ आये हैं सहानुभूति के छोटे–बड़े हाथ,
इनमें दिखावा है, केवल दिखावा है,
ये सब मेरे प्रति दया–भाव प्रकट कर रहे हैं

और वह मुझे खलता रहा है,
जब कोई उँगली उठा कर, दोनों होठ फैलाकर
मुझे लक्ष्य करके कहे–बिना माँ का है,
उस समय हहराकर गिरता हूँ, मैं
एक गहरी खाई में।

आदमी कब तक किसी की दया का पात्र बने,
जो खुद माँग रहे हैं वे क्यों दया करें
बिन माँगे दूसरों पर बेभाव,
हम कब तक अंधे बनें?
जिससे वे माँग रहे हैं
क्यों न उसी से माँगे हम भी फैलाकर दोनों हाथ
और फिर तो हाथ की गोलाई जितनी बड़ी होगी
उतनी ही समायेगी उसकी दया साबुत एक अदद,
उसके द्वार पर तो फैले हैं कृपा के श्वेत कण
वह कब रोकता है किसी को आने से?
वह कब रोकता है किसी को लेने से?
वह कब भेद करता है दूसरों को अपने से?
सब उसके अपने हैं, सब बराबर हैं,
सब उसकी दया के सहभागी हैं,
उसके द्वार पर भीड़ लगी है याचकों की,
अजीब ताँता है साईं के अभ्यार्थियों का,
वह मायावी चुपके से सब पर,
सतर्क दृष्टि रखता है, क्यों?
कोई खाली हाथ न जाय,

भीड़ का धर्म ही किसी का पाना
और किसी का खाली हाथ लौटना है।

बचपन के अभाव, मन की कुंठा
बगैर माली के पलती रही जंगल–सी,
किसी का निर्मम बध बाल्यकाल की पौढ़ी पर
पसर गया रोकता सारे भाव
और उससे आगे केवल महाशून्य था,
मिट गये थे आगे के सारे भाव,
आगे बढ़ने में सभी ओर खतरे थे,
निजात्मा त्रस्त थी अपने रक्षित भविष्य को।
कैसी अजीब दुनिया है?
पाकर भी हम बैठे रहें हाथ में लेकर मोदक
कैसे लगायें मुँह तक कोने में खड़ा वर्तमान
तीखी नजरों से घूर रहा है और निर्लज्ज
छोटी–मोटी कंकड़ी मार, खाने से मना कर रहा है,
सहभाग्या भी न रोक पाई हमारा खाली अंतस्–मंथन,
हम सोते रहे और अ–निर्माण के सपने देखते रहे,
हम थे, हमारा शरीर था और दो शिशु थे हमारे करीब,
बाकी सबको खतिया दिया था हमने अनजाने में
अपनी प्रज्ञा की सुविस्तृत प्रश्नोत्तरी से,
ऐसे भी कभी चला है किसी का जीवन?
केवल हम 'जी' रहे थे आदर्शों की दुसाख बैसाखी पर
टाँग अपने मन का अहं और समाज–निर्माण का खोखला भाव,
बोलते थे वीरता और शूरता के किस्से

सुनाते थे डंके की चोट पर
विज्ञधीमान् पंडित से उपयोगी किस्से।

वैचारिक असफलता मन का निष्क्रिय खोखलापन है,
रात को सौ शूल चमक उठते सब ओर,
चमक उठते लप–दप करते आँखे चौंधियाते अनेक भाले
और हम बेबस हो जाते मन की वैचारिक कारा में,
बेबसी और तार.....तार हो गई
जब कायिक पिता भाव–पिता से जा मिले
हम बहुत अकेले हो गये इतनी बड़ी दुनिया में,
यों हर आदमी अकेला है अपनी कमजोरी में,
साथ हो लेते हैं हजार जन हमारी सफलता में,
पर कौन आता है किसी की राह के कंटक उठाने?
और हम बटोही से पंथ की पहचान पूछते–पूछते
थक गये, बहुत थक गये,
स्वर्ण–रेख–सी दुहिता रूठ कर अनन्त यात्रा पर चल पड़ी
मसूरी की निर्मम पहाड़ियाँ उसे साक्षात् लील गईं
और हम घिरे रहे मन–चक्र की आड़ी–तिरछी सलाखों में।

तभी सुनाई पड़ा एक शोर
फैल गई गली–गली में एक आवाज़
साईं बाबा आये हैं,
दर्शन देते हैं,
दीन–दुखियों का दुख हरते हैं,
फिर तो दिल्ली में गोल्फ़लिंक रोड स्थित

सोहनलाल का आवास बन गया एक सागर
छोटे–बड़े, नाटे–मोटे, हर तरह के स्त्री–पुरुष
धाये उसी ओर जहाँ उनके नेत्रों की तृप्ति थी,
मन का सहारा और भविष्य की आशा थी;
अग–जग का तारनहार दर्शन देता
और फिर लौट आता दर्शन देने को
लाखों लोग लौट पड़े एक–दूसरे पर
कारों की छतों पर, पेड़ों पर, स्कूल की छतों पर
हजारों खड़े थे अनवरत 'दर्शनों' की प्रतीक्षा में
वहीं देखे थे पहली बार कीर्तन करते
चैतन्य सरीखे झूमते साईं बाबा
और तभी से जीवन कभी खाली हाथ नहीं रहा है।
बार–बार अनेक बार यही लगा है
वे घर के बड़े–बूढ़े हैं,
जब वे हैं तो उनके रहते हम क्यों चिन्ता करें?
जीवन का सारा भार उनके कंधों पर छोड़ दिया है,
भक्त का इतना अधिकार तो है अपने आराध्य पर।
और इसे दुनिया की कोई शक्ति
न बाँट सकती है,
न छीन सकती है,
न कम कर सकती है,
न बदल सकती है;
रात के सन्नाटे में
ट्रिनिडाड के हाइ–वे पर
बाबा का संकीर्तन करते हुए

बगैर एक बूँद पैट्रोल के
मेरी गाड़ी दौड़ी है चालीस मील,
टक्कर लगी मिड–वे पर दौड़ी है सौ गज
और साईं नाम जपते हिल्टन की चढ़ाई चढ़ते
आग लगकर अचानक बुझ गई है
किसी अदृश्य के संकेत पर,
और अगले दिन मेनन ने गहन अचरज में डूबकर
पूछा था केवल एक साबुत प्रश्न–
कौन है जो तुम्हें गहन आपदाओं से बचा लेता है?
और हम तभी से भय मुक्त अपनी जीवन–सारंगी पर
मधुर स्वर में हर जगह गाये जा रहे हैं–
यशोदा नन्दन गोपिका रंजन,
ईश्वरम्मा नन्दना, जय ईश्वरम्मा नन्दना!

•••

तेरहवाँ सर्ग

'साईं-दर्शन'

भक्ति, ज्ञान और कर्म के बटखरों में
भक्ति का बटखरा बड़ा सच्चा
और अनूठा है।
और यही साईं बाबा की प्रेमाभक्ति का मूलाधार है।
तुम मुझे प्रेम करो
मैं तुम्हें प्रेम करूँगा
तुम मेरी ओर ढाई कदम आओ
मैं तुम्हारी ओर दस कदम आँऊगा
तुम अपना बोझ मुझ पर डालो तो सही
फिर देखो मैं कितनी कुशलता से
उसे जिस ओर चाहो ले जाऊँगा;
वत्स! पिता के घर खाली झोली
आने का प्रावधान है
और उसे हर युग में भरकर ले जाने की छूट
पिता नाम के जीवनधारी ने दी है,
पिता वही है जो संतान की रक्षा करे
और मार्ग-दर्शन करे,

हर घड़ी जीवनीय सुविधायें देकर
विकास की सम्भावनायें जुटाये
और आत्मज को जीवन की
टेढ़ी–मेढ़ी आपद् लकीरों से बाहर निकालकर
मुक्ताकाश प्रदान करे।

बाबा ने हर क्षण अपने से आगे बढ़कर
भक्तों की रक्षा की है,
खुद को कष्ट में डालकर
सूक्ष्म तत्त्व से भक्तों में
आस्था का ध्रुवीकरण किया है
और भक्तों को विघटन के कगार से
खींच कर सृजन की मनोभूमि दी है,
उनमें वित्तजा भक्ति से नर–सेवा कर
नारायण–सेवा का फल उपलब्ध कराया है,
और फिर इसी नारायण–सेवा में
मन और काया के सभी आयामों को सहेज
बाबा ने युग–युग से अपने समदर्शी होने का
जाज्वल्यमान प्रमाण दिया है।

बाबा को जब किसी अमीर ने,
विद्वान ने, हर तरह विपन्न ने
तन–मन से तार–तार होकर पुकारा है,
बाबा की कृपा कुहासा चीरती
सूरज की पैनी किरणों–सी वहीं–वहीं चमकी है,
और बाबा ने उसे हर समय अभय दिया है

जो उनका हो गया है।
यह एक अलग बात है
कि बाबा का हो जाने के बाद
आदमी बाबा का हो जाता है, केवल उनका हो जाता है।
बहुत से भक्त कष्ट में बाबा को, अपने बाबा को
पुकारते हैं, रात–दिन भजते हैं
और थोड़े कम कष्ट में सोचते हैं
बाबा को क्यों पीड़ा दी जाय?
पर यह तो उसी तरह का बरताव रहा
कि घर में रहकर बड़े–बूढ़े को
सब कुछ न बताकर उसे गहरा ताप दिया जाय,
अरे, बाबा तो अपने घर के बुजुर्ग हैं,
उनसे हर समय सलाह लो
उन्हें हर स्थिति में पुकारो
क्या उनसे कुछ छिपा सकोगे, उन्हें धोखे में रख सकोगे?
घर के बुजुर्ग को घर की बात न बताकर
तुम उसका अपमान कर रहे हो
और तुम उसे यह अहसास करा रहे हो
कि अब उसमें घर की हर समस्या पर
विचार करने की सामर्थ्य नहीं रही है,
अब वह हर तरह 'बुढ़ा' गया है।
तुम धोखे में हो मेरे मित्र!
भक्ति कभी बुढ़ाती नहीं है,
भक्ति कभी नयी–पुरानी नहीं होती है,
वह हमेशा सम भाव में रहती है

और आराध्य के अ–देह धारी होने पर
भाव रूप में उसके सूक्ष्म अस्तित्व में
समायी रहती है फूल–सी गंधमय विचारों में
और तभी तो शिरडी बाबा आज तक पूज्य हैं
अपने भावमय अस्तित्व में सब ओर
एक से, एक रूप में निर्बाध हर ओर बढ़ते हुए।
और भक्ति का यही सच्चा प्रारूप है,
वह सूक्ष्म से सूक्ष्मतर होती है
भक्त के मनन की अंतिम स्थिति तक
और फिर इतना उन्नयन की हर चीज में
उस 'परम' को पाना भक्ति का सहज रूप है,
आराध्य भक्त की इस स्थिति पर
इतना मंत्र मुग्ध हो जाता है
कि वह उसे छोड़ कर और कहीं नहीं जाता है,
पर अपने में आराध्य की समग्र प्रक्रियाएँ
बटोर कर आराध्य का–सा व्यवहार करना
और जनता को भ्रम में डालना
घोर अपराध है, छलावा है,
लोक–परलोक दोनों को बिगाड़ना है।
बाबा सहज सम भाव में
केवल एक ही बात कहते हैं–
चमत्कार मेरा गंतव्य नहीं है,
गंतव्य है समाज सुधार
और उससे जुड़े श्रम सिक्त अनेक कर्म,
बाबा ने कभी कर्म का तिरस्कार करके
भाग्य को प्रश्रय नहीं दिया है,

उनकी दृष्टि में भाग्य भी कर्म साध्य है,
मनुष्य यों ही भाग्य के साथ
जोड़ लेता है सफलता का गर्व
और असफलता में निरे खेद की
खुरदरी लकीरें अपने सब ओर।
बाबा ने खुद आदर्श बनकर
अथक प्रयत्न किये हैं बार–बार
भौतिक आपदाओं से मानव को उबारने में,
जब कभी आंध्र में चक्रवात आया है
उसके साथ घूमा है बाबा का वरद हस्त
और घूमे हैं गली–गली, गाँव–गाँव
बाबा के भक्त परम मनस्वी चिकित्सक
गरीबों, बेघर लोगों और दुखी जनों की
पीड़ा पर फाहा रखने निर्विकार,
बाबा स्वयं दुखी जनों में भोजन–वस्त्र बाँटते
हर तरह के मीठे अमृत वचन बोलते
कभी थकते नहीं, शायद मानवेतर कृत्य
थकान की परिखा से बड़े बैठते हैं,
मनुष्य दूसरों का भला करनें में
जो मनः तोष पाता है
वह दुनिया भर के धन–धान्य से
भारी पड़ता है और उसे जागतिक
साफल्य के बटखरे से न तौलकर
दान के पुण्य कर्म से मापा जाता है,
जो खुद वैदिक काल से आधि दैविक कर्म की
संज्ञा पाकर नितान्त सक्रिय बना रहा है।

बाबा के शिक्षण–संस्थान, अस्पताल,
आध्यात्मिक शिविर, सेवा–शिविर,
नर–सेवा, प्रभाती, उत्सव–आयोजन,
बाल–सेवा, प्रवचन, मनन–स्थल
और विद्वानों का अर्चन–वंदन
पारम्परिक प्रोद्भासित मूल्यों में
घिरकर और अधिक उजागर हुए हैं,
बाबा ने इन सभी को और अधिक सार्थक
तथा बोधगम्य बना दिया है;
बाबा की व्याख्या हर सत्य को
अधिक सारमय और अर्थपूर्ण बनाकर
हिरण्यमय पात्र में ढके अमृत तक पहुँचाती है
और इस रूप में बाबा ऋषि तुल्य
वह सब कुछ दे देते हैं जिसकी हम
अपने बुजुर्गों से–उन ऋषियों से
अपेक्षा करते रहे थे हर क्षण–
हर 'घटक' उनसे ही पूर्ण था
और वे हर 'घटक' की अकेली नियति थे।
उनके आश्रम स्वार्थ से रहित
दो आदर्शों की आपूर्ति में लगे थे–
आत्म चिन्तन और परचिन्तन।
यही उनके दो सेतु थे
उन्हें समाज से जोड़ने के,
आत्म चिन्तन में वे दे गये आरण्यक और उपनिषद
और परचिन्तन में दे गये समाज को
उसका भविष्य, उसका सही रूप,

अन्तेवासी छात्रों को आश्रम में
अध्यात्म के गहन प्रारूप समझाकर
उन्होंने समाज को गहरी नींव दी थी
और आज हमारा 'वसुधैव कुटुम्बकम्' का सपना
उसी नींव पर सब ओर पसरा पड़ा है,
बाबा ने इन दो उद्देश्यों की आपूर्ति के साथ
क्रियात्मक पक्ष को जोड़कर समाज की अटूट सेवा की है,
एक ओर हमारे ऋषि स्व-चिन्तन में डूबते-उतराते
परब्रह्म तक पहुँचते और उनमें स्वल्प
समाज का भला करने राज्याध्यक्षों तक पहुँचते,
उनमें से बहुतेरे आश्रमवासी छात्रों को पढ़ाते
और शिष्य में अपनी प्रतिभा निहार
अग-जग के सारे व्यवहार भूल जाते,
वहीं पर रुक जाता उनकी प्रज्ञा का दुर्धर्ष चक्र,
वहीं पर मिल जाते उन्हें मन के कुसुमित पुष्प,
शिष्य, योग्य शिष्य ही उनकी अकेली धरोहर था;
पर बाबा ने इससे आगे बढ़कर
दोनों पद्धत्तियों में समन्वय करके
दोनों को लक्ष्य के अन्तिम बिंदु तक
सफलता पूर्वक पहुँचा दिया है,
परम मनस्वी बाबा छात्रों और अध्यापकों को
सामरस्य की सीमा रेखा तक ले जाकर
अध्यात्म का मूल मंत्र देते हैं
और शिविरों में स्वावलम्बन के गहन निर्मोक में
उनकी परम प्रस्फुटित ऊर्जा को सहेज कर
उन्हें समाज की परम अक्षय निधि में

पलट देते हैं और इसी के साथ साईं बाबा
व्यष्टि से समष्टि की खोज में
अपनी क्रियात्मकता में
गुणात्मक हो उठते हैं और ऋषि कुल से चले आते
समानान्तर चलते सिद्धान्तों में
एक पूर्ण अन्विति बिठा देते हैं,
बाबा ने आश्रम को व्यक्ति के निर्माण का
साधन माना है और जिस दिन वह
साध्य बनेगा वहीं से लौट पड़ेंगे
हमारी प्रगति के सारे वेग
और हम तेजी से ढलान की ओर
लुढ़कते बेबसी के कुहासे में
खो जायेंगे भावी पीढ़ी का बोझ
छाती पर उठाये अंत तक,
उस समय बाबा के उदार चतुष्पथ पर
शान्ति, प्रेम, सत्य और अहिंसा के
शाश्वत मार्गों पर बढ़ते हुए
हम टूटी मानवता को
केवल समझदारी के मसाले से जोड़ सकेंगे।

विश्लेषण व्यर्थ हमें बिखराव की ओर ले जाता है
और अपने की तलाश में
आज के अंधे मानव को
आस्था और विश्वास के ध्रुवीकरण पर
जीना होगा, ठहरना होगा,
वरना वहाँ से फिसला दुखी मानव

निराशा के गहन अंधकार में
उतरकर केवल अपने जैसों की तलाश करेगा
और यही होगी भावी मानव की अकेली नियति
और फिर हम दुहरायेंगे प्रज्ञा चक्षुओं के
उन्मेष की बात बार–बार;
पर वह केवल दिखावा होगा,
सत्य हमारे जीवन के बाजुओं से
छिटक कर बाहर जा गिरेगा,
वह अजूबा सत्य फिर कभी हमारा नहीं होगा,
हम खड़े करते रहेंगे असत्य के अंबार;
बारूद के ढेर पर बैठा मानव
इससे अधिक और क्या करेगा?
कुछ करने के लिये चाहिये शिव संकल्प
और शिव संकल्प बनता है
पहले और आगे की करनी पर,
तभी बाबा ने बार–बार कहा है–
पूर्वजन्म के कर्म तो तुम्हें भोगने होंगे,
उनके चुकने पर सुन्दर कर्मों पर आरूढ़
तुम्हारी मनसा भक्ति और आस्था से
गहरी तालमेल बिठाकर भवितव्यता की
ममता पूर्ण जाली बुनेगी और उस समय
बाबा–केवल अपने बाबा
गुहार पर दौड़े आयेंगे,
हाथ पकड़कर सत्, चित् और आनन्द के
उन्नत शिखरों की ओर ले जायेंगे,
वे हमारे होंगे,

हम उन्हें अपनी दो आँखों से देखेंगे,
बाबा की कृपा से ही देखने का यह क्रम
किसी बिन्दु पर जाकर रुकेगा
और वहीं से शुरु होगी आत्मजयी की
नई शुरुआत–इस शुरुआत का अंत ही
अनन्त कहलायेगा
और यह 'अनन्त' और कुछ नहीं
हमारी साधना के नैरन्तर्य का दूसरा रूप है।

साधना नया कुछ जोड़ती है
चक्रावात की तरह हमारे खाली मन को भरती है
और एक दिन वही हमें सब ओर जोड़ती है,
बाबा केवल कर्म की साधना से
हमें जोड़ कर नये युग की प्रभाती में
कर्म के बीज बो रहे हैं
और उनकी डाल सब ओर
छितरा गई हैं वैदिक सिद्धान्तों की धरती को छूकर,
उस समय बाबा सच्चे गुरु की तरह
उँगली पकड़ कर रम्य कान्तार में ले जाते हैं
और तपती दुनिया से एक नया रिश्ता जुड़ जाता है,
और मन खिले फूल की तरह सब ओर
एक ही स्वर झंकृत करता है–
पा लिये हमने सद्गुरु चरणा। सद्गुरु चरणा श्री साईं चरणा॥
श्री साईं चरणा भवभय हरणा। सद्गुरु चरणा पातक हरणा॥

•••

चौदहवाँ सर्ग

‘युग-प्रभु साईं’

यज्ञ, यज्ञ के अनुष्ठान
और उनका विश्लेषण
‘वेद’ और ‘ब्राह्मण’ का महत् कार्य था,
यज्ञ का आयोजन
अग्नि, जल, वायु और प्रकाश की विभिन्न शक्तियों को
रिझाने का उपक्रम मात्र था
और पहुँचना था उस परम तत्त्व तक,
जो इन्हें संचालित और नियन्त्रित करता था,
यही यज्ञ आत्म तत्त्व और परम तत्त्व के मध्य का
वह सेतु था, जिसे पार करते ही
अनेक पगडंडियाँ फटती थीं
किसी एक मंजिल तक और उस मंजिल तक पहुँचने के लिये
साधक रास्ते भर गाता रहा
उसी परम की मनोहारी स्तुतियाँ
और इन्हीं में झाँकता रहा
चिन्तन पगा दर्शन
एवं गंतव्य का हर्षोल्लास

धरकर कर्मकांड के लचीले रूप,
रामायण और महाभारत तक
बढ़ते गये इसके रूप पर रूप
राम के विवाह पर,
और कृष्ण के प्रत्येक क्रिया कलाप पर–
चाहे वह नामकरण रहा हो
या गोचारण, गोदोहन, वर्ष गाँठ
अथवा अन्नप्राशन, वंशीवादन
सबके सब पुरोहित की निगरानी में
मंत्रोच्चार के साथ पूरे किये गये
और बाँटते रहे समाज का हर्षोल्लास
लोकगीतों के साथ पूरे सम–ताल पर,
कर्मकांड की सब ओर फैलती डालों को
काटने, छाँटने और सँवारने
आये अमिताभ बुद्ध अपने साथ
अष्टमार्ग का सिद्धान्त लेकर,
उनकी अहिंसा सुवास की तरह फैली
और थम गये नर–बलि एंव पशु–बलि के सारे आयाम,
उस युग–प्रभु के सिद्धान्तों के वाहक
शांति के प्रतीक अनेक बौद्ध विहार
ब्राह्मणों की छाती में चमकते रहे शूल से,
फिर क्या था कर्मकांडियों ने अपनी परिखा
चौड़ी करके सिमेट लिया बुद्ध को
अपनी जमात में शुद्ध करके,
व्यक्ति से अधिक, कहीं अधिक
उसके भाव संक्रमणशील होते हैं,

अतः ब्राह्मणों ने खतिया दिया
अहिंसा को, अष्टमार्ग को, निवृत्तिमार्ग को
अपने भावी आयोजन से,
तभी तो बौद्धधर्म दिशा देता रहा
भारत से बाहर दक्षिण–पूर्व एशिया,
मध्य एशिया और पूर्व यूरोप के बहुत से देशों को,
भारत से बाहर भारत की संस्कृति का
प्रथम संवाहक वही बना
और उसी ने चीन में
कनफ्यूशस के बाद दिया बुद्ध का शान्ति–सन्देश,
भारत से बाहर भारत की समूची संस्कृति को
आत्मसात् किये पैगोडा हमारी सही तसवीर हैं,
पर कर्मकांड 'लील' गया
अपनी प्रतिक्रिया के सभी आयाम
और बुद्ध आ जुड़े कल्कि से पहले
पूर्ण अवतारों की कोटि में,
बुद्ध जीत कर भी हार गये
अपने ही घर में।

अशोक के सारे धर्म–चक्र
लौट पड़े ढलान की ओर
और जहाँ रुके वहाँ लोगों ने
धर्म–रथ को उठा लिया कंधों पर,
वहीं से बुद्ध की जय प्रारम्भ हुई
और वहीं से प्रारम्भ हुए
सारनाथ को केन्द्र बनाकर

बौद्ध देशों के कार्यकलाप
और वहीं से प्रारम्भ हुए
युग–प्रभु बुद्ध के शान्ति और अहिंसा के
अमर संदेश काल के चौबारे से,
जय–पराजय की चक्की में पिसने से
बच गये 'धम्म पद' और 'जातक'
और कालान्तर में
उन पर चढ़ गई परत–दर–परत
पुराणों की सुनहरी जिल्द,
हम सो गये लम्बी तान
अपनी ही कथाओं का दुशाला ओढ़,
हम खो गये कथाओं के ताने–बाने में,
सपनों की जाली बुनी,
कथा के नायक–नायिका के साथ
उड़ते रहे स्वर्ग और नरक की
अनन्त दूरी तक मनोराज्य में
और पाते रहे करनी का फल
एक लम्बे अरसे तक चुपचाप
बगैर दूसरों को बताये।
यह अकर्मण्यता की स्थिति
छीनी हमसे यवनों ने,
पर हम सोते रहे कुंभकर्ण के
काफी आस–पास अपने को भुलाकर,
हम बहुत पहले से
खुशामद पसन्द रहे हैं,
चापलूसों को पालते रहे हैं,

बड़े–छोटे का भाव हर पल
अपने बीच में पसारते रहे हैं
और खुश होते रहे हैं
अपने 'अंह' पर, थोथे भाव पर;
अज्ञान का अथाह बोझ
बूँद–बूँद
हमारे मन पर टपकता रहा,
गहरी वादियों में 'प्रज्ञा' का
नवोदित सूर्य जमकर ठंडा पड़ गया
और हम कर्म–पथ पर
रोज़मर्रा की कब्र में
अपने को ब–खुशी दफन करते रहे,
हमारे सामने बुद्ध और श्रमण
'बद्धू' और 'समनिया' बन गये,
काली 'कालविन' नाम ले बैठा,
फोर्ट विलियम कील–सी गढ़कर
हमारी छाती पर रिसता रहा
और यह हमारी बेबसी थी
उसे निकालते कैसे?
मुँहबाये मौत जो खड़ी थी,
तभी हमारी बेड़ियाँ काटता
एक और युग प्रभु आया
दुनिया उसे गांधी के नाम से
सम्बोधित करती थी, क्यों?
'गंधी' की तरह उसने
मानवता की गंध चारों ओर जो बिखेर दी थी।

भारत की आवाज
गांधी की आवाज में आकर समा गई
गांधी की आवाज 'भारत' बन गई
और काल–चक्र नापने लगा
एक नया आयाम–
बहुत कुछ मथने,
बहुत कुछ देने,
काल की मथानी से
अपने ही कुम्भ में घुमड़ते रहे
अँग्रेज चिकनाई के 'तिलोले' से,
अधिकार के बेडौल सुख ने
हिला दिया उनको ऊपर से नीचे तक,
गर्व की कड़कती बिजली ने
बिखेर दिये उनके सपने
टूटे पोत के फट्टों से चँहु ओर;
गांधी ने सहेजा अपने जनों को
विरल अफ्रीका और सघन भारत की गली में
पोत के फट्टे उठाने
या अवशेष को हर अवस्थिति में
काल–चक्र की भारी मथानी से
प्रवंचित कर अपनी संतति को
भविष्य की बेबूझ गुफाओं में
गहरी सीख देने और पाने ऋजुता का मार्ग,
उस फकीर ने कस लिये
अपनी डंडी और लँगोटी में
सबके मन और कस लिये सबके सपने

ट्रस्टीशिप की झनझनाती बीन में,
जो कुछ करोगे सबका है
और सबको मिलेगा एक–सा
अनेक रूपों में साफल्य का सहभाग,
पागल–सी जनता भागी सब ओर
उनके झंडे के नीचे अभय पाने
और गांधी ने गिरते–पड़ते
युग–युग के उपेक्षित त्रसित लोगों को
हरि–जन कहकर गले लगाया,
यों दूसरों को उपदेश दिया
अपने ही अंग को कभी कोई
बेकार करता है और के कहने में,
सब बँधते चले आये सर्वोदय के
सुनहरी तारों में सब ओर
सत्य, अहिंसा और प्रेम के सुनहरी गुंबद
भग्नाश जनों को जल–पोतों से
अंधे काले सागर में अवरोधों की
कील–कील पर फूँकने लगे अपना उजास,
खुल गये मन के सभी बंध
पागल–सी जनता चिल्लाई सब ओर–
जै गांधी की, जै नेहरू की
उन्मुक्त तिरंगे की लहरों में
रंग गये रक्त के गुलदस्ते
रेलों में, डाक घरों में
स्कूलों में, गलियारों में
अमराई के सन्नाटे में

बाँसों की फुनगी और पतेल की कासों में
बस एक वही स्वर
उड़न सर्प–सा तैर रहा था
नीचे के कोलाहल से क्रुद्ध
उसी फिरंगी की तलाश में
जो बन बैठा था मालिक
याचक की मिठास में डुबा हमारा अंतस,
खोजो उसको भेजो वापस
फैंको उसके मोहक कपड़े
लंकाशायर, लिवरपूल की
घर–घर करती सभी मशीनें
रुक जायें दम भर को
तकली–अम्बर की रुनझुन करती
समतालों में।

जय घोषों के बीच
उतर गया मर्दित–सा यूनियन जैक
और चढ़ गया उन्नत–सा
युग–प्रभु गांधी का ध्वज
आँखों का ध्वज, मन का ध्वज
तरह–तरह के संकल्पों का ध्वज
फैली उसकी गहन भुजायें
छेदी गईं जगह–जगह पर
घर के ही लोगों से औरों के बहकावे में
वही तिरंगा तार–तार कर डाला हमने
बापू की छाती पर, जिसे उठाये

वह सेनानी घूमा गली–गली के सब कोनों तक,
हम हार गये मन के दुश्मन से
अपने ही घर में,
जीत गया वैरी अट्टहास करता
हिन्दू–मुसलिम की खाई में,
उसे पाटने बापू का शव
बना एक आधार
खड़ा हो गया उन्हीं के अवयवों पर
अजेय धर्म निरपेक्षता का दुर्ग
आकाश की गहराई नापने
युग–प्रभु के अमर सपनों में,
पर सपने कभी सच नहीं होते,
वे बिखर जाते हैं
अगर उन्हें ख्याली जामे से अलग
धरती पर न उतारा जाय,
हमने कब गांधी का राम राज्य
धरती पर उतारा,
उसके सपनों का भारत
टाँग दिया खूँटी पर,
कब हम उसे अपनों के बीच
गाँव–गाँव और नगर–नगर फैला सके
जटिल घड़ियों में।

कब हम हाथ–हाथ को रोटी दे सके?
कब हम मिटा सके भाल का लिखा कु–अक्षर?
कब बेरोजगारी की लकीर छोटी पड़ी?

फैलते उद्योग–धन्धों की कतार में
और देखते–देखते मशीनवाला
घर का मालिक बन बैठा;
ऐसे में आये
अपने कंधों पर
नर–सेवा का भारी बोझ डाले
युग–प्रभु साईं, अकेले साईं ।
नर–सेवा बाबा की
अष्टयाम–चर्या है,
'नारायण–सेवा' नाम से
दुनिया के हर कोने में फैले
बाबा के अनेक आश्रमों में
गरीबों को भोजन कराना,
वस्त्र बाँटना, चिकित्सा सुविधा देना
और चक्रावात जैसी प्राकृतिक आपदा में
फँसी दुखी जनता को हर आरक्षण देना
और उससे भी ऊपर मन और आत्मा के
पूर्ण उन्नयन के लिये हर सम्भव प्रयत्न
बाबा का नैत्यिक कार्य है।

ट्रिनिडाड के आश्रमों में
नर–सेवा के साथ छोटे बालकों को
हिन्दी शिक्षण का उपक्रम
भाषा से संस्कृति तक पहुँचने का
सरल प्रयास है और इसे वे

साध रहे हैं एक–सी गति से काल की
अनवरत घूमती चरखी पर बेमौन, बगैर लाग–लपेट।

आत्मोत्थान हर युग में
सबको एक–सा काम्य रहा है,
आत्मोत्थान उन्नत मन की
सफल स्थिति का दूसरा नाम है,
बाबा आत्मोत्थान के लिये
अवनत मन को सहारा देते हैं,
सोते से जगाते हैं
मन को उठा कर
पीड़ा को छोटा कर देते हैं,
दुखी मन में
पीड़ा का कारण मिटा देना
बाबा के सान्निध्य में मिलता है,
दुखी मन उन्हीं के चरणों में
दुखों को गलाता है
यही भगवान की पुष्टि है,
मन वह पा लेता है
जो पा लेने की संज्ञा से बाहर है,
मन के द्वार सभी ओर
खुल जाते हैं निर्बाध और निर्बन्ध,
'भूमा' का स्वरूप
खुल जाता है हमारे निकट
बहुरूप धर एक–सा अविरल,
दूसरों की पीड़ा में बढ़ आता है

हमारा प्यार
और छलक कर गिर जाता है
वह अमर भाव
जिसे दुनिया बेहिसाब नामों से
अपने खाते में
जमा कर लेती है,
तभी तो किसी एक की पीड़ा
सब की पीड़ा है,
किसी एक का अभाव
सब का अभाव है
साईं के सत्संग में।

'एक' एक न रह कर 'सब' हो जाता है
और भक्ति के उद्वेग में
'सब' केवल परमात्मा की शक्ति है,
'सब' से अलग हम कब जिये हैं
और जिस दिन जियेंगे
उस दिन साईं के बंदे न होकर
मन के चोर को बढ़ावा देंगे,
साईं ने हमेशा साथ चलो
एक–सा बोलो
एक–सा विचारो
का मूल मंत्र दिया है
और जिस दिन यह मंत्र
हमारे जीवन में खिल उठेगा
उस दिन बहुत से फूल

हमारे मन के सरोवर में
गहरे पानी की सतह को चीरते
कमल से खिल पड़ेंगे,
हमारे चारों ओर हर्ष की कपास
पुलक–सी बिखर जायेगी,
भावी संतति हमारी तरह
आगे बढ़ने में
'उछाह' पायेगी
और काट लेगी अपनी तमसा के
नुकीले काँटे,
जो आगे किसी के पैर को
लहूलुहान न करें–
अपने से आगे और की सोचना
यही साईं सेवा समिति का
मंत्र है और इसी में पलते रहे हैं
साईं–भक्तों के ठोस सपने।

वायवी सपने कभी पूरे नहीं होते
और ठोस सपने
महत् आकांक्षा के प्रतिरूप बन
मन को बढ़ाते हैं
अपनी तरह सबका हित विचारने,
बाबा के भक्त बाबा की कृपा से
जो पा लेते हैं उसे सबके बीच
खुले मन से कहते हैं,
यह पाने और पाने का मूल भाव है,

अपने को इतना छोटा न करो
कि तुमसे छोटी इकाई ही न रहे
और तुम सबसे अलग–थलग पड़ जाओ,
जीवन बाँटकर खाने का नाम है
खाकर गाने का नाम नहीं है,
खाकर गाने में
अपनी ढपली पर कब तक
अपना ही राग सुनोगे,
जीवन देने में है
समाज से लेने का नाम–
केवल 'राक्षस' है
और आज यही राक्षस
हम सब के बीच में से
'राका' का क्षय कर चुका है,
हम सबके प्रयास
मिले–जुले प्रयास
धरती पर मनों–मनों पूनम बिखेरेंगे
उसके लिये प्रतीक्षा करनी होगी
नये सूरज की,
और वह नया सूरज उग रहा है
साईं सेवा–समिति के ललौंहे बादलों से,
वही सूरज बढ़ेगा हमारे घरों की ओर
वही सूरज बढ़ेगा हमारे हिमातपों की ओर
वही सूरज बढ़ेगा हमारे दुखी मनों की ओर
और भर देगा एक रस
उस रस का एक नाम है– आत्मानन्द।

बाबा ने कभी गृह त्याग का उपदेश नहीं दिया,
खुद बेघर होकर
दूसरों को घर में रहने का मंत्र दिया,
घर में रह कर समाज की ओर बढ़ो
समाज को अपने में मिलाओ
समाज में बाँटो
समाज में खिलाओ
तुम्हें खाने का सुख मिलेगा,
धरती पर उतर आयेंगे चारों धाम
घर में खिलेंगे चारों फल
धरती और घर में एकत्व करना
आज के कराहते मानव की
सबसे बड़ी जरूरत है,
और सचाई के स्तर पर
सबसे बड़ा आत्मोत्सर्ग;
घर की परिखा बढ़ाकर
सारी धरती को घर बनाने में है,
साईं बाबा के घर की 'चौहद्दी'
बचपन में कहीं खो गई थी
और साईं ने उसे पा लिया
वैष्णव जन की तरह
दूसरों की पीड़ा में।
दूसरों की पीड़ा साईं की पीड़ा है,
दूसरों का सुख साईं का सुख है,
दूसरों का तोष साईं का तोष है,
दूसरों से अलग साईं

और साईं से अलग दूसरे
कब, कहाँ रहे हैं?
यह खोजने पर भी कैसे मिलेगा?
इसे पाने को समाज का
नया अध्यात्म शास्त्र रचना पड़ेगा।
नये शास्त्र में 'स्व' को मिटाकर
'पर' को रचना होगा,
'अहं' को मिटाकर
'परम' को खोजना होगा,
तभी स्वार्थ के 'ढूह' पर बैठी दुनिया को
हम 'परम' तक खींच कर ले जा सकेंगे,
यही नर–सेवा है,
यही नारायण–सेवा है,
दूसरों को दूसरों से जोड़ने का नाम
परम धर्म कहलाता है,
इस जोड़ने की प्रक्रिया में साईं लगे हैं,
हम तो केवल उस पथ पर
वैदिकी से उनके अनुगामी बने
आज तक यही गाते आ रहे हैं–
मानस भजरे गुरु चरणम्। दुस्तर भव सागर तरणम्॥
उठ गये हैं अनेक हाथ
एक–से सब ओर
मन के कँगूरों पर
टपक रहा है
अमृत बूँद–बूँद

रिस गये हैं मन के घाव
उग आये हैं आशा के फूल
वैदूष्य की किरणों से घिरे
बढ़ आये हैं
युग–प्रभु साईं जीवन के निकट
पूर्व जन्म के प्रताप से।

\+ + +

और नर–सेवा के क्रम में
उठते गये हैं
अनेक मंदिर
नाना औजार सज्जित अस्पताल
नयी तकनीक से युक्त
बहु शिक्षण–संस्थान
भारत की भावी पीढ़ी को
साईं के दर्शन
और भावना की पावनता को
आरक्षित कर
साधना की स्थिति को
नया आयाम देने;
साईं ने हमेशा
ज्ञान, भक्ति और कर्म में
समवाय कर
जीवन को नया आधार दिया है,
तभी तो प्यासा चेन्नई
उनकी महती कृपा से

साईं ट्रस्ट का 'अपार धन' पा कर
पीने का पानी पा सकेगा
और उसके लिये जल जीवन का
अर्थ दे सकेगा।

अतीत के गलियारे में
चेन्नई को मद्रासपट्टण या मद्रास
पुकारा जाता था,
फ्रेजर महोदय ने
बाँध के योग से
बरसते पानी को
तीन तालों में
संचित कर मद्रासपट्टण को
पीने का पानी दिया–
पाँच लाख की आबादी को
जीवन का मंत्र दिया;
अतीत के पहियों ने
वर्तमान की ओर दौड़ते हुए
जन–जीवन को हमेशा गुणात्मक किया है,
वर्तमान की तुला पर
दो और दो का हिसाब
हमेशा चार ही रहा है,
तभी तो चेन्नई हमेशा
प्यासा रहा है
और बूँद–बूँद पानी को

जीवन की प्यालियों में
संचित कर उसकी सार्थकता को
गहराई से अनुभव किया है।

कृष्णा और कावेरी से घिरा चेन्नई
वेदों की ऋचाओं का तर्पण
सागर के अथाह जल से करता रहा है,
सरिताओं की वारि–धारा
उसे अलभ्य ही रही है,
तभी तो रामचन्द्रन
और रामाराव ने
एक समझौते के तहत
कृष्णा से तेलुगु–गंगा के रूप में
डेढ़ सौ किलोमीटर लम्बी
नहर से जल–धारा को
संचित किया एक ताल में,
पर किसानों की प्यास
लील गयी समूची तेलुगू–गंगा को
और चेन्नई पर
हहराता रहा पानी का संकट
भस्मासुर बना सब ओर;

इक्कीसवीं सदी के
शुभारंभ में
साईं ने, युग–प्रभु साईं ने

अथाह धन दान में देकर
तेलुगू–गंगा के पुनर्निर्माण में
रिसते पानी को रोका
पक्की ईंटों से
और अमृतमयी
वारि–धारा अब पहुँचना चाहती है
चेन्नई के ताल में
उसे शाश्वतरूप देने
और साईं–भक्त
इस नयी साईं–गंगा की अगवानी में
चहुँ ओर–सब ओर गा उठे–
अनाथ रक्षक साईं राम। आपद् बाँधवा साईं राम॥

•••